So klingt Hamburg
Den Soundtrack zur Ausgabe finden Sie bei Spotify unter »Hamburg von GEO Reise«

editorial

Ahoi! Markus Wolff ist ab dieser Ausgabe als neuer Redaktionsleiter an Bord von GEO Special

Willkommen in Hamburg!

es gibt einen ungebrochenen Trend in meiner Heimatstadt: Immer weniger geht ohne Vorbestellung, Reservierung oder Schlangestehen. Wer ungeplantes Vergnügen schätzt, dem wird's nicht so leicht gemacht. Egal ob er ins Konzert, Stadion, Kindertheater, auf eine Party-Barkasse oder ins Restaurant will. Selbst in Branchen, die von zumeist spontanem Lustgefühl leben, ist das Phänomen angekommen. Als ich kürzlich nach der Arbeit bei meinem Lieblingsimbiss »Lütt'n Grill« im Schanzenviertel zwei halbe Hähnchen kaufen wollte, fragte der Verkäufer: »Haste vorbestellt?« Hatte ich nicht, blickte auf die duftenden, voll behangenen Drehspieße – und zog mit zwei kalten Buletten von dannen.

Aber diese Entwicklung ist ja letztlich ein Ausdruck dafür, dass das Angebot, der Gesamtmix, den Geschmacksnerv trifft. **Hamburgs Magnetkraft wächst, die Stadt wird immer anziehender** – als Wohnort genauso wie als Besucherziel. Ich verschone Sie jetzt mit den aktuellsten Wachstums- und Übernachtungszahlen. Dafür zeigen wir Ihnen in diesem Heft zahlreiche Gründe für Hamburgs Beliebtheitsboom. Neben den Klassikern führen wir Sie an viele besondere, aber garantiert reservierungsfreie Plätze. Die einzige Schlange, auf die Sie beispielsweise im Duvenstedter Brook treffen können, ist eine Ringelnatter.

Mich würde es übrigens sehr interessieren, wie Ihnen diese Hamburg-Ausgabe gefallen hat. **Schreiben Sie mir** an *wolff.markus@geo.de*. Oder sagen Sie es mir direkt. Sie treffen mich jeden Sonntag um 9 Uhr bei »Karen's Konditorei« in Eimsbüttel, wenn ich meine vorbestellten Brötchen abhole.

Viel Spaß beim Lesen und in Hamburg wünscht

MARKUS WOLFF

inhalt

TITEL: Das Feuerschiff im Hafen, dahinter die Elbphilharmonie, fotografiert von Jörg Modrow

RUBRIKEN

Auf einen Blick

Hamburg
Harvestehude
Uhlenhorst
Außen-
alster
GRINDELBERG
HALLERSTR.
MITTELWEG
GRINDELALLEE
ROTHENBAUMCHAUSSEE
Rotherbaum
Planten un
Blomen
Große Wallanlagen
ELBPHILHARMONIE
LOMBARDSBRÜCKE
AN DER ALSTER
KOPPEL
STEINDAMM
Binnen-
alster
Gänsemarkt
St. Georg
Hauptbahnhof
GROSSE BLEICHEN
Alsterarkaden
MÖNCKEBERGSTR.
NEUER WALL
ALTER WALL
ELB-HOF
Altstadt
AMSINCKSTR.
DEICHTORHALLEN
Haus der
Kommunikation
Portugiesenviertel
BAUMWALL
AM SANDTORKAI
Elbphilharmonie
Hafencity

HAMBURG

unterwegs erlebt

DIE REISE-GESCHICHTEN DER GEO-SPECIAL-REPORTER

HAFENCITY

CARA WESTERKAMP UND CHANTAL ALEXANDRA PILSL
hatten eine Standleitung in die Elbphilharmonie

Zum Glück liegt das Verlagsgebäude von Gruner + Jahr, in dem auch die GEO-Special-Redaktion arbeitet, keine 600 Meter von der Elbphilharmonie entfernt. Gefühlt Dutzende Male machten sich Henri-Nannen-Journalistenschülerin Cara Westerkamp (l.) und Fotografin Chantal Alexandra Pilsl auf den Weg, um im Konzerthaus interessante Menschen – vom Musiker bis zur Hausdame – zu treffen. Nur mit der Orientierung innerhalb des Gebäudes haperte es manchmal: Beide hatten mitunter Schwierigkeiten, in den loftartigen Büroetagen den Ausgang zu finden. »Dann musste uns jemand zum Aufzug begleiten«, sagt die Fotografin. Den Weg zurück zum Verlag fanden sie aber auf Anhieb.

→ **Wir sind Elphi** *ab Seite 40*

EPPENDORF

MARGITTA SCHULZE LOHOFF
ließ Olli Dittrich fahren

Die Adoleszenz formt einen Menschen bekanntlich stark. Auch popkulturell. Als GEO-Special-Redakteurin Margitta Schulze Lohoff dem Hamburger Comedian Olli Dittrich beim Interview in Eppendorf erzählte, dass ihr Humor in den 1990ern von seinen »RTL Samstag Nacht«-Sketchen geprägt wurde, antwortete er trocken: »Das ist ja nicht das Schlechteste.« Sieht sie genauso und berichtete außerdem von einem überaus sympathischen Gesprächspartner mit besten Manieren: Dittrich hat unsere Redakteurin nach dem Gespräch in seinem Smart nach Hause gefahren.

→ **»Pass mal auf!«** *ab Seite 66*

DUVENSTEDTER BROOK

IMKE LASS
traf im Moor Kollegen

Für ihre Fotoreportage über Hamburgs Naturschutzgebiete traf Imke Lass im Duvenstedter Brook nicht nur den Ranger Jörg Hartmann (o.), sondern auch andere Fotografen, »um halb sechs früh, eine schweigsame Gemeinde mit wahnsinnig langen Objektiven«. Deren Ziel: die brünftigen Hirsche im Brook. Lass fotografierte das Damwild im Morgennebel. Eine andere Rarität flößte ihr aber mindestens ebenso viel Respekt ein: eine winzig zarte, fleischfressende Pflanze. »Ich wollte ihr nicht zu nahe treten«, sagt die Fotografin. Sie schoss trotzdem ein Bild von anmutiger Schönheit.

→ **Wo die wilden Hirsche röhren** *ab Seite 68*

Burger auf Hamburgisch: Gegen den kleinen Hunger schwört die Redaktion auf Matjesbrötchen

IN EIGENER SACHE
Zuweilen unterstützen uns Agenturen, Tourismusbüros, Hotels, Veranstalter oder Airlines bei den Recherchen. Unsere Reportagen und Informationen sind dadurch in keiner Weise beeinflusst.

Revival of the fittest

ALS DER FOTOGRAF Bernd Jonkmanns 2009 begann, Plattenläden in mehr als 50 Städten weltweit zu fotografieren, rechnete er damit, dass die Vinyl-Tempel bald verschwunden sein würden. Er irrte – die gute alte Schallplatte dreht weiter ihre Runden. Allein in Hamburg besuchte Jonkmanns 28 Läden, »jeder anders und besonders«. Etwa das »Groove City« im Karoviertel, wo Marga Glanz (o. l.) sich auf Soul und Jazz spezialisiert hat; das »Zardoz« (u. r.) und der »Selekta Shop« (M.) in der Schanze; das »Freiheit und Roosen« (u. l.) auf St. Pauli oder die »Plattenrille« (M. r.) im Grindelviertel. »Hamburg«, sagt Jonkmanns, »ist die heimliche Hauptstadt der *record stores*.«

takeoff

DIE REISE KANN BEGINNEN

Promenaden-Mischung

FÜR VIELE HAMBURGER ist es die »peinlichste Baustelle« der Metropole: Bereits seit 2011 baut die Stadt zwischen den U-Bahn-Stationen Landungsbrücken und Baumwall an einer neuen Elbpromenade (Entwurf: Zaha Hadid), die gleichzeitig vor Hochwasser schützen soll. **Acht Jahre für 625 Meter?** Der Boulevard ist eben anspruchsvoll: mit einer Hochwasserschutzwand, die weiter als bislang in die Elbe ragt und bis zu 8,90 Meter über Normalnull liegt (1,70 Meter höher als bisher), mit rund 570 Pfählen, 4500 Tonnen Betonstahl, 4400 Stufenelementen und 14 000 Quadratmeter Basalt zur Verblendung. Im März 2015 sollten die Arbeiten am letzten Abschnitt abgeschlossen sein, nun wird es wohl Ende April 2019 – pünktlich vor dem Sommer.

ZITAT

»The memories are short, but the tales are long, down there on the Reeperbahn«

TOM WAITS, AUS DEM SONG »REEPERBAHN« (2002)

Club der Visionäre

DIE ZUKUNFT DER MOBILITÄT ist elektrisch, autonom, schachtelförmig – und bald auf Hamburgs Straßen unterwegs. HEAT heißt das Projekt, bei dem die Hochbahn mit ihren Partnern einen fünf Meter langen, fahrerlosen Kleinbus testet. Spätestens im Juli 2019 startet der erste E-Bus (noch mit Fahrer) auf einer Probestrecke in der Hafencity. Nach mehreren Testphasen fahren autonome Busse mit etwa zehn Passagieren auf 3,6 Kilometern neun Haltestellen an. Möglichst bis 2021. Dann kommen rund 10 000 Zukunftsexperten nach Hamburg, zum Weltkongress für intelligente Verkehrssysteme (ITS).

Vier Fragen an Ellen Blumenstein,

Kuratorin der Hafencity, die ein Riesensmiley aufstellen ließ

Das Kunstprojekt »Public Face« schaut, je nach der Stimmung der Passanten, traurig, fröhlich, überrascht,

wütend. Wie ist die Laune? Traurig selten, meist im Mittelfeld.

Geht es den Leuten in der Hafencity nicht gut? Die Daten, die von Kameras erfasst werden, setzen sich aus vielen Gesichtern zusammen. Ich bin ganz froh, dass das Smiley nicht nur lächelt. Sonst könnte man das Kulturprogramm als Touristenattraktion oder Marketinginstrument missverstehen.

Ist es das nicht? Nein, es geht mir um die Belebung des öffentlichen Raums in einem sehr jungen Stadtteil. Und jeder kann hier sehen, wie es anderen Menschen um einen herum geht, das macht vielleicht etwas achtsamer.

Das »Public Face« leuchtet direkt vor der Speicherstadt, immerhin Weltkulturerbe. Ein Problem? Wir machen ja Kunst und keine Werbung, die würde die Stadt niemals genehmigen. Außerdem haben wir die Skulptur parallel zur Brücke montiert, so stört sie die Sicht nicht.

Mehr unter kunstundkulturhafencity.de

Budenzauber

DER TEPPICH VOR DEN BÜCHERREGALEN markiert die Bühne, die Stehlampe wird zum Scheinwerfer, die rund 30 Besucher sitzen auf Sofa und Klappstühlen. »Wohnzimmerliebe« tauften Kati und Thomas Baumgarten ihre ungewöhnlichen Kulturabende in wechselnden Privatwohnungen: Etwa alle drei Monate machen Hamburger ihr Zuhause zur öffentlichen Bühne für Lesungen, Konzerte und Theater – von der Villa bis zur Souterrainwohnung. Das Ganze ist außerdem kostenlos. Nur für die Künstler geht am Ende der Session der Hut herum.

Früh anmelden über dialog@wohnzimmerliebe.de, gegen Spende

Fachjargon

So sprach früher der Kiez:

Abreißkalender – Bündel Geldscheine
Miefkorb – Bett
Schmiermichel – Polizist
Sahnemichel – sympathischer Mensch
Säufersonne – Vollmond
Dibberalma – Frau, die zu viel redet
Bambule – Streit
Hawaiimücken – Filzläuse
Keule – Flasche Sekt
Schwalben aus dem Norden – Schlag mit der Handfläche
Schwalben aus dem Süden – Schlag mit dem Handrücken
Kastrierte – Filterzigarette

Mehr Jargon bei Klaus Siewert: »Hamburgs Nachtjargon: Die Sprache auf dem Kiez in St. Pauli«, Geheimsprachen Verlag, Münster

Ein Mexikaner aus Hamburg

ER IST SCHARF. Er macht Kopfschmerzen. Und er ist Kult. Seit ein Hardrockbar-Betreiber auf St. Pauli seinen Fusel mit Tomatensaft und Chilisoße veredelte, wird der »Mexikaner« in Hamburgs Kiezkneipen gefeiert (mit Tequila oder Wodka gemixt). Den endgültigen Siegeszug verdankte der scharfe Shot aber Donald Trump. Mit dem Erlös des Drinks finanzierten viele Bars den Widerstand gegen G20 und den Besuch des US-Präsidenten in der Stadt. Wer

nicht selbst mixen will: Das »Hamburger Mundfeuerwerk« gibt es flaschenweise als »Lioko Mexikaner« zu kaufen, die Macher, fünf Studienfreunde, spenden einen Teil des Erlöses an die Hamburger Tafel. *lioko-mexikaner.de*

Lindleys Erbe

DEM INGENIEUR WILLIAM LINDLEY haben die Hamburger viel zu verdanken: Mitte des 19. Jahrhunderts half der Brite, Hamburgs Infrastruktur, insbesondere die Wasserversorgung, erheblich zu verbessern. In der Handy-App »William Lindley AR«, erstellt vom Denkmalschutzamt und der Hochschule für Angewandte Wissenschaften, führt der Ingenieur per Augmented Reality durch die Stadt und erzählt von seinen Projekten. Wer Lindley ganz altmodisch besuchen möchte: Seine Statue steht Am Baumwall 5. *Download-Infos unter williamlindley.eu; kostenlos, nur iOS*

Sound of Sailing

»HAFENRUNDFAHRT, MIN DEERN?« Gerne doch! Entweder auf einer Barkasse – »Barkassen-Meyer« zum Beispiel feiert in diesem Jahr 100. Jubiläum *(barkassen-meyer.de)*. Oder auf einem Segelschiff, das an Elbphilharmonie, Containerriesen und dem feinen Blankenese vorbeizieht. Skipper Holger Brauns nimmt bei seiner »Elbsegelei« ein bis elf Personen für rund vier Stunden an Bord. *elbsegelei.de, 4 Std. ab 99 €*

Einwohner
in Mio.

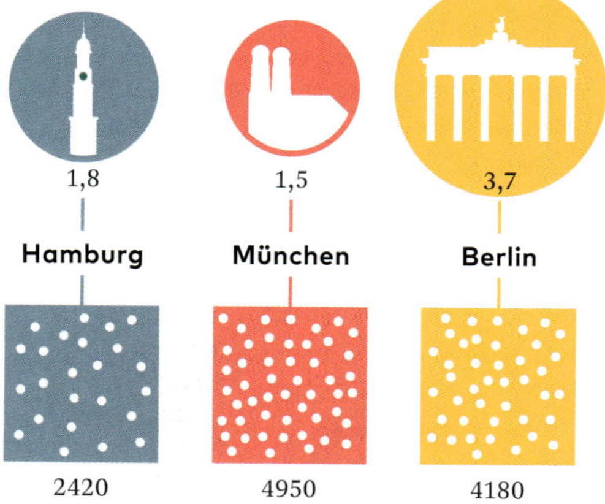

Einwohnerdichte
Einwohner pro km²

Schwere Zeiten
130 Kilogramm wiegt jeder Zeiger der größten Turmuhr Deutschlands an der Hauptkirche St. Michaelis. Der große Zeiger misst 5 Meter, der kleine 3,60 Meter

Sonnenstunden
im Jahr 2018

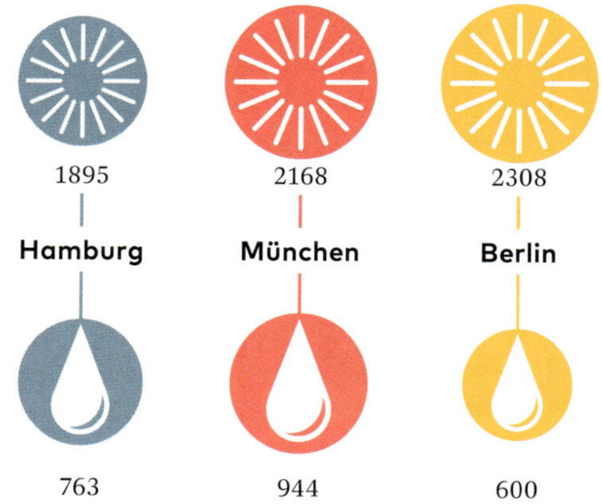

Niederschlag
pro Jahr in Liter

Seitenwechsler
Rund 2500 Brücken gibt es in Hamburg – keine Stadt in Europa hat mehr

Match-Muffel
Hamburger wischen bei der Dating-App Tinder nur selten nach rechts und signalisieren so Interesse an einem Treffen mit einem anderen Nutzer. Obwohl die Stadt über 50 Prozent Einpersonenhaushalte hat, sind die Singles deutlich zögerlicher beim Verteilen ihrer Likes als andere Großstädter: In einer Tinder-Umfrage schafft es Hamburg lediglich auf den zehnten Platz – Letzter!

Besucherrekord
6,8

Millionen Gäste haben 2017 13,8 Millionen Übernachtungen in Hamburg gebucht. Das machte den 17. Rekord in Folge aus

Gott ist ein Biker
Bis zu 40 000 Biker rollen jedes Jahr auf ihren Maschinen zum wohl größten Motorradgottesdienst der Welt vor den Hamburger Michel

Nicht barrierefrei
Blankeneses Treppenviertel ist weltberühmt. Und schweißtreibend: 58 Treppen mit insgesamt 4864 Stufen gibt es dort

Money, Money, Money

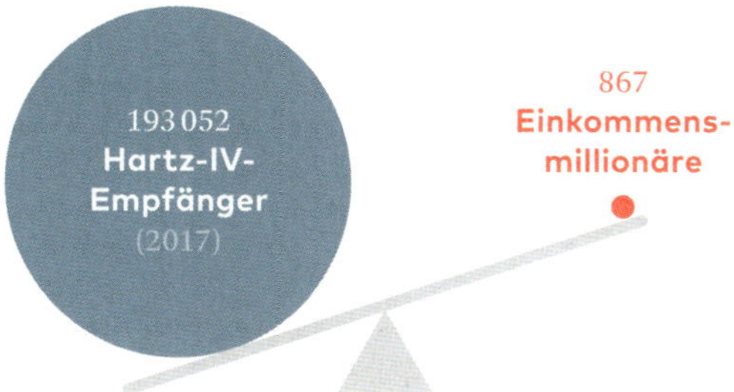

Reißt euch am Riemen!

Der Landesruderverband Hamburg zählt 22 Vereine

Überragend

Hamburgs drei höchste Gebäude sind Sakralbauten. Spätestens 2026 soll der »Elbtower« in der Hafencity die Gotteshäuser übertrumpfen: Der Wolkenkratzer soll 245 Meter hoch werden. Der Baustart könnte 2021 sein. Kosten: zwischen 700 Millionen und einer Milliarde Euro

147 Meter **Mahnmal St. Nikolai**

132 Meter **Hauptkirche St. Michaelis (Michel)**

132 Meter **Hauptkirche St. Petri**

Der Ohlsdorfer Friedhof

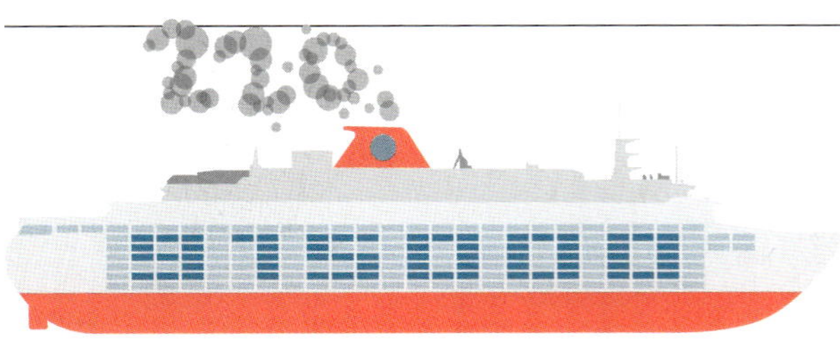

I. Hafengäste

220 Kreuzfahrtschiffe brachten im Jahr 2018 915 000 Passagiere nach Hamburg

III. Hafenjobs

156 000 Arbeitsplätze sichern die Werften und Logistikfirmen im Hafen

II. Hafentrubel

18 000 See- und Binnenschiffe laufen Hamburg jährlich an

Infografik: Ole Häntzschel

check-in

Gut zu wissen

BESTE REISEZEIT
Die Monate zwischen April und Oktober sind die besten, um Hamburg zu entdecken. Vor zeitweisem Schietwetter ist man aber auch dann nicht gefeit …

ANREISE
Wer nur die Stadt erkunden will, sollte mit Flugzeug oder Bahn anreisen. Parkplätze im Zentrum sind rar. Für alle, die Ausflüge in die Umgebung Hamburgs planen, ist das Auto die richtige Wahl.

UNTERWEGS
Der Hamburger Verkehrsverbund HVV verkauft Tages- und Wochenkarten, um die Stadt mit Bus, Bahn und Fähre zu erkunden, besonders lohnenswert ist das 9-Uhr-Gruppenticket (ab 12,20 €): Bis zu fünf Personen können damit Bus, Fähre, U- und S-Bahn fahren. Hamburg lässt sich aber auch bestens mit dem Fahrrad entdecken, etwa mit den Rädern von Stadtrad Hamburg, *stadtrad.hamburg.de*

GÜNSTIG
Mit der Hamburg Card hat man freie Fahrt mit Bus, Bahn und Hafenfähre, obendrein bietet sie mehr als 150 Rabatte bei Museen, Sehenswürdigkeiten, Restaurants, Musicals und vielem mehr. Erhältlich für einen, zwei, drei, vier oder fünf Tage, ab 10,50 €, an Fahrkartenautomaten, in vielen Hotels und online: *hamburg-tourism.de/buchen/hamburg-card*

GUT ZU WISSEN
Die Touristeninformation Hamburg hat bei jeglichen Fragen zu Hotelsuche, Anreise, Events, Ticketkauf etc. immer eine Antwort parat, *hamburg-tourism.de*

Klicken und blättern

»MIT VERGNÜGEN HAMBURG« heißt die Lieblingswebsite der Redaktion, wenn es um die coolsten Adressen an Alster und Elbe geht – ein Web-Magazin mit **Kiezporträts,** Restaurant-, Bar-, Café- und Shopping-Tipps sowie klugen Gedanken zum Leben in der Großstadt. *hamburg.mitvergnuegen.com*

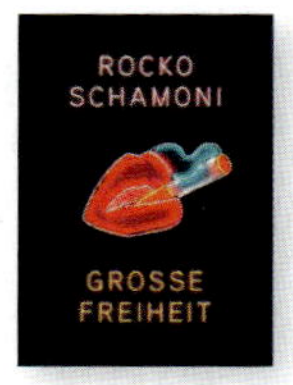

WOLLI KÖHLER steigt in den 1960er-Jahren zum Puff-Boss auf St. Pauli auf. **Rocko Schamoni** hat sich für »Große Freiheit« vom Leben einer echten Kiezlegende inspirieren lassen. Ein großes Interview mit Schamoni lesen Sie in der aktuellen Ausgabe von GEO SAISON (Heft 4).

SCHÖNE GESCHENKE aus Hamburg werden noch hübscher, wenn sie passend hanseatisch verpackt werden: etwa in einen der zehn bunten Bögen des »Hamburger Pack-Papiers«, mit Franzbrötchenmotiv, Schiffen oder Ankern. Fast zu schön zum Auspacken.

AM 3. MÄRZ 2019 wäre Loki Schmidt 100 Jahre alt geworden. Ihr Witz, ihre Klugheit, ihre Naturliebe sind legendär. Mit dem Autor **Lothar Frenz** verband sie eine späte Freundschaft; in »Ein Jahr mit Loki« gewährte sie ihm tiefe Einblicke in ihr bewegtes, bewegendes Leben.

Seen-Sucht

RAUSFAHREN IN DEN SOMMERWIND und rein in den See: Die Macher von »Take me to the Lakes« zeigen in ihrer Hamburg-Edition 200 Badestellen im Norden, vom Baggersee bis zur Ostseeküste, darunter auch Perlen wie den Großensee (gr. Bild) oder den Krebssee (r.), keine 60 Kilometer von Hamburg entfernt. *Take me to the Lakes erscheint im April, takemetothelakes.com*

Die Miniatur-Matrosen warten aufs Auslaufen, bei den Nachtschwärmern an der Elbe läuft's dagegen schon. Im Hintergrund: das Dockland-Gebäude, das wie ein gläserner Dampfer die Elbe hinabzugleiten scheint

KLEINE WELT UND GROSSES KINO

Im Miniatur Wunderland lassen Modellbauer die beliebtesten Ecken der Hansestadt um das rund 90-Fache schrumpfen. Und wenn die Winzlinge auf das Original treffen? Entfaltet sich eine doppelt schöne Hommage an Hamburgs beste Seiten

FOTOS **Jörg Modrow** UND **Chantal Alexandra Pilsl**

EIN LAGER, BITTE!

Schon verrückt: In bester Zentrumslage, auf fast 300 000 Quadratmetern in 15 gigantischen Backsteinbauten, wohnt – niemand. Trotzdem lieben die Hamburger ihre denkmalgeschützte Speicherstadt, mit den vielen Ateliers, Restaurants und Lagern. Ganz in der Nähe erhebt sich auch Hamburgs ältester Speicher aus dem Jahr 1878, der heute das Maritime Museum beherbergt – und der die perfekte Kulisse für ein Feierabendbier abgibt

Internationales Maritimes Museum Hamburg
1895

FISHING FOR COMPLIMENTS

Von den Marco-Polo-Terrassen aus gesehen, erhebt sich die Elbphilharmonie wie ein Wellenmeer über der Hafencity. Dass man aus den Fenstern des Konzerthauses angeln kann, ist zwar nur Wunschtraum. Dass Teile der 21000 Quadratmeter großen Fassade aus gewölbten Spezialscheiben bestehen – jede ein Unikat! –, ist jedoch Tatsache

BIS ZUM MORGEN ROT

Reeperbahn, olle Schaluppe, wie hast du dich verändert! Wo früher Kaschemmen und Sexshops überwogen, öffnen nun immer mehr schicke Clubs und Läden. Jährlich ziehen rund 20 Millionen Besucher durch das Rotlichtviertel. Nur in der nahen Herbertstraße ist für viele Schluss: Hinter den Sichtschutzwänden an beiden Straßenenden warten Prostituierte auf Kunden – Eintritt nur für Männer über 18

ALLER-HÖCHSTE EISENBAHN

Das Miniatur Wunderland in der Speicherstadt, die größte Modelleisenbahn der Welt, lockt jedes Jahr mehr als eine Million Besucher in die Hansestadt. Die Schöpfung der Hamburger Zwillinge Gerrit und Frederik Braun umfasst mittlerweile mehr als 1000 Züge, 15400 Meter Gleise, über 260000 Figuren, 130000 Bäume … In rund 800000 Baustunden erschufen die Macher Städte, Länder und Kontinente wie Hamburg, Venedig, Österreich, Schweiz, Italien oder Amerika. Zur Zeit im Bau: Monaco und die Provence. Tipp: Wer online sein Ticket für ein festes Zeitfenster vorbucht, kommt ohne Wartezeit ins Wunderland. *Speicherstadt, miniatur-wunderland.de*

»St. Pauli ist ein permanenter Aufstand«

Seit 19 Jahren lebt die preisgekrönte Krimiautorin Simone Buchholz in Spuckweite zur Reeperbahn. Ein Gespräch über Kneipen, Zusammenhalt und Fischbrötchen, aber auch über Hamburger Höflichkeit – und Glücksgefühle, die Möwen über dem Hafen auslösen können

Das Nachtleben vor der Haustür, das Rotlichtmilieu um die Ecke: Können Sie sich vor Inspiration überhaupt retten? Auf St. Pauli schlägt die Inspiration erbarmungslos zu, ob ich will oder nicht. Man wird ständig mit Figuren beworfen, mit Dialogen. Für mich ist vor allem spannend, wie Leute reden, wie sie miteinander umgehen und wie sie sich in die Welt stellen. Da gibt es auf St. Pauli tatsächlich nur eine mögliche Art: aufständisch. Das ganze Viertel ist ein permanenter Aufstand.

Wo genau werden Sie denn mit Figuren beworfen? Bei Budnikowsky, unserem Drogeriemarkt – in Hamburg eher ein Treffpunkt –, auf der Straße, im Park, in der Kneipe. Mich kann aber auch inspirieren, was mein Sohn aus der Schule mitbringt oder was mein Mann von seinem Tag erzählt. Ich halte die Augen und Ohren permanent offen. Auch als wir ein Kind bekamen, haben wir nie ernsthaft darüber nachgedacht, in die Vorstadt zu ziehen. Mir war klar, dass ich dort verenden würde – ohne den Input. Der ist mir aber nicht nur fürs Schreiben wichtig, sondern auch fürs Leben.

Kritiker loben oft Ihr Sprachgefühl. Wie ist sie denn, die Sprache von St. Pauli? Es wird nicht rumgeeiert, sondern schnell und klar gesagt, was Sache ist. Die Plakate während des G20-Gipfels zum Beispiel: »Olaf, das war eine Scheißidee.« Danke, mehr muss ich nicht wissen. Du wirst hier kaum jemanden finden, der die Mitte vertritt. St. Pauli ist präzise auf den Punkt. Vielleicht hat das damit zu tun, dass es hier ein bisschen windiger ist als im Rest von Hamburg. Machst du den Mund zu lange auf, weht der Wind rein, und dir wird kalt. Außerdem geben sie einem Satz hier oft zwei, drei Wendungen oder eine Dialektik. Mein Lieblingssatz: »Der FC St. Pauli ist schuld, dass ich so bin.« Da stecken mehrere Geschichten drin, ein ganzes Menschenleben und dann noch dieser komplette Fußballverein, in seiner Tragik und Größe. Auch der FC St. Pauli ist Chaos und Ordnung, Humor und tiefe Traurigkeit. Extreme Gegensätze wechseln sich in sehr kurzer Zeit ab.

Härte und Haltung

In ihrem achten Fall schlägt sich die hartgesottene Hamburger Staatsanwältin Chastity Riley mit kriminellen Clans herum. Für **MEXIKORING** erhielt Simone Buchholz den Krimipreis 2019. »In diesem Buch ist auf jeder Seite eine Haltung gegenüber der Welt zu erkennen«, so die Jury.

Sie sind in Hanau geboren, im Spessart aufgewachsen, mit Mitte 20 in den Norden gezogen. Wie hat es angefangen mit Ihnen und Hamburg? Meine Mutter ist gebürtige Hamburgerin, meine Großeltern lebten hier. Ich war als kleines Kind oft bei ihnen. Ich habe meine Ferien an der Alster verbracht. »Bodos Bootssteg« war damals noch gar nicht chic. Da habe ich mit meinem Opa gesessen und Schwäne gefüttert. Er tat dann so, als könne er mit den Schwänen reden. Ich habe das jahrelang geglaubt. Im Grunde war Hamburg also die Stadt meiner Kindheit. Als ich dann mit Mitte 20 hierherzog, gab es an einem sonnigen Sommertag wirklich diesen einen Moment: Ich ging durch St. Pauli und spürte unter meinen Füßen Wurzeln, die bis tief unter den Asphalt reichten. Ich war glücklich.

Ist Hamburg eine Stadt, die einen zur Begrüßung in den Arm nimmt? Total. Ich habe Hamburg immer als eine sehr höfliche Stadt erlebt, in dieser Höflichkeit vergleichbar nur mit London. Nur dort passiert es mir, dass ich mit dem Stadtplan an einer Straßenecke stehe und sofort jemand seine Hilfe anbietet. Genau das beobachte ich in Hamburg auch. Mache ich selbst genau so, finde ich nett. Ich weiß noch, dass ich in meinen ersten Wochen in Hamburg fest davon überzeugt war, dass die Bäckereifachverkäuferin in mich verknallt sein muss. Sie war so wahnsinnig nett zu mir, jeden Tag wieder. Das kannte ich aus meiner alten Heimat nicht. Da ist man etwas ruppiger.

Hamburg wirbt für sich als »weltoffen«. Stimmt das Image? Hamburg ist eine Hafenstadt. Offener geht es kaum. Eine Stadt mit Hafen ist wie eine Scheune ohne Tor. Aber natürlich muss man auch immer in den richtigen Ecken auf die richtigen Leuten treffen. Und man muss in Hamburg auch mal in den Wald hineinrufen. Dann ruft es ganz freundlich zurück – und man geht zusammen Bier trinken und Fischbrötchen essen.

Wo? Landungsbrücken, »Brücke 10«: Matjes-Brötchen ohne Zwiebeln, Bismarck-Brötchen mit, dazu ein Astra, Schiffe gucken. Das Brötchen ist warm, der Fisch und das Bier sind eiskalt. Die jungen Leute hinterm Tresen sind freundlich und lustig. Die machen dir jedes Fischbrötchen, das du willst.

Wo ist Hamburg heute Heimat für Sie? Am Wasser, immer am Wasser. Eine fliegende Möwe über dem Hafen löst in mir eine Welle von Glück aus. Hamburg gibt mir ein schönes Gefühl von Heimat, kein konservatives, sondern ein progressives, eines, das mit Fernweh und Freiheit zu tun hat. Es ist eine Heimat, die mich hält, aber mir dabei ganz viel Luft zum Atmen lässt. Und in der norddeutschen Sprache, natürlich. Zeig mit einen NDR-Werbespot, in dem jemand »Das Beste am Norden ist …« sagt, und ich fange vor Glück an zu heulen.

Wie hat sich diese Heimat im Laufe der Jahre verändert? St. Pauli ist voller geworden und lauter und jünger. Es ist heute eine andere Art von Bunt. Aber das ist okay. Dinge verändern sich. Ich weiß nur nicht, weshalb man die Mieten deshalb verdoppeln muss. Wir leben hier immer noch neben der Reeperbahn, und morgens kotzt man uns vor die Tür. Fahrräder werden zertreten oder geklaut. Warum soll jemand hier für eine 60-Quadratmeter-Wohnung ernsthaft 1000 Euro kalt zahlen? Früher konntest du auf St. Pauli günstig wohnen. Da haben die Mieten zum Viertel gepasst. Es ist und bleibt nun mal keine gute Wohnlage, es ist ja nicht mal eine normale.

Diese unnormale Wohnlage bringt es mit sich, dass sich Großveranstaltungen wie der Schlagermove in Ihrer unmittelbaren Nachbarschaft abspielen. Wie geht es Ihnen damit? Der Hamburger Musiker Rocko Schamoni hat dazu gesagt: »Alles, was scheiße ist und Geld bringt, wird hier gemacht.« Und, ja, ich hasse diese Veranstaltungen. Hamburg braucht doch nicht ab Mai an jedem Wochenende eine Riesenparty. Warum? Zum Überleben? Um eine Großstadt zu sein? Das wirkt komplexbeladen und klein. Diese Stadt lebt doch aus sich selbst heraus. Und was die zusätzlichen Steuereinnahmen angeht: Fuck, ich zahle auch Steuern! Habe ich ab Mai kein Recht mehr, mich am Wochenende zu erholen? Stattdessen wird dann in meinem Hauseingang gevögelt. Ich mag aber nicht über Paare steigen: »Entschuldigung, darf ich hier mal bitte raus? Ich muss einkaufen.«

Als Krimiautorin befassen Sie sich mit den finsteren Ecken der Stadt. Welches sind Ihre Orte der Leichtigkeit, wenn Sie Abstand von der Dunkelheit brauchen? Leichtigkeit finde ich in den Parks, in denen ich laufen gehe: im Wohlers Park, in Planten un Blomen, in den Wallanlagen. Und natürlich in meinem Zuhause, bei meiner Familie. Wenn ich mit meinem Sohn unterwegs bin. Das ist sehr, sehr schön. Auch in Kneipen sitzen ist leicht hier. Mir fällt das jedenfalls nicht besonders schwer.

In welchen Kneipen sitzen Sie? In kleineren Bars abseits der Reeperbahn wie dem »Kurhaus« am Pferdemarkt, der besten Kneipe der Stadt, oder in der »Korall-Bar« in der Simon-von-Utrecht-Straße.

Was wird getrunken? Bier und Mexikaner, immer wieder Mexikaner, quasi eine Bloody Mary als Kurzer.

Und wo gehe ich hin, wenn ich das traditionelle St. Pauli erleben will, das Sie gern mal in Ihren Büchern beschreiben? Das gewachsene Hardboiled-Milieu ist in der »Ritze« auf der Reeperbahn sehr lebendig, oben Kneipe, unten Boxring. Und trotz aller Junggesellenabschiede: im »Silbersack«, einer Traditionskneipe auf dem Kiez. Ein basisdemokratischer Ort. Hells-Angels-Typen, Luden, Touristen, Bänker: Alle trinken zusammen. Diese Demokratie, auch die Augenhöhe zwischen Männern und Frauen an der Theke, mag ich sehr. Wenn das bedroht wird, wehrt sich St. Pauli auch. Als der »Silbersack« nach dem Tod der Besitzerin schließen sollte, hat sich ein Freundeskreis zusammengefunden, der den Laden gerettet hat. Das ist typisch für dieses Viertel: Auf St. Pauli lässt man nichts untergehen, was einem etwas wert ist.

INTERVIEW: DANIEL RAMM

Sonnenuntergangsanbeter versammeln sich an Sommerabenden am Elbstrand. Eine kühle Flasche Bier kaufen sie im »Kiosk Ahoi« (vorn) oder in der »Strandperle« (hinten)

Klassiker-Route

› TOUR: **AN ALSTER UND ELBE** › LÄNGE: 30 KILOMETER › DAUER: 1 TAG

Einmal alles, bitte!

Alster und Elbe, weiß getünchte Villen und stolze Backstein-Speicher, Paddelboot und Hochseeriesen: Wer einen ersten Rundumeindruck von Hamburg sucht, setzt sich aufs Rad und strampelt einen Tag lang 30 Kilometer weit – und das völlig entspannt

TEXT **Beatrix Gerstberger**

Im Museumshafen Övelgönne ragt ein Kran aus dem Hochwasser und streckt seinen 120 Jahre alten Arm nach Schleppern, Dampfschiffen, Kuttern und Barkassen aus. Auf der anderen Elbseite, am Containerterminal Burchardkai, haben Hafenarbeiter bereits die Lichter zur Nachtschicht angeknipst

MUSEUMSHAFEN OEVELGONNE
BRECHER

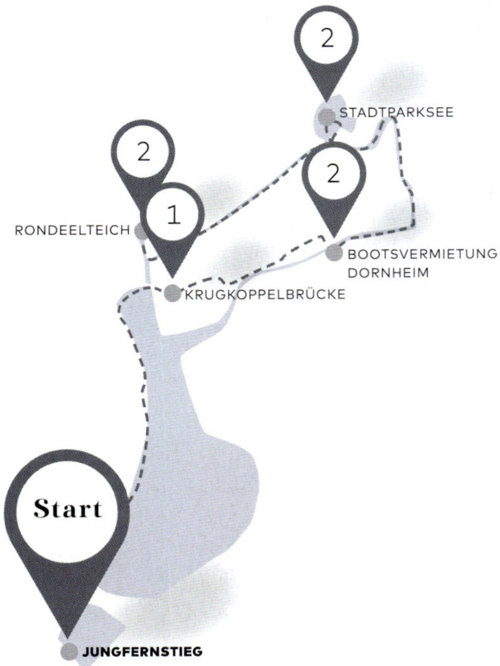

DAS ERSTE, WAS MAN LERNT, wenn man nach Hamburg zieht: Man muss Entscheidungen treffen. HSV oder St. Pauli, Holsten-Bier oder Astra und schließlich Elbe oder Alster: Zwei Gewässer, an deren Ufer Armut und Reichtum, Prunk und Backstein, kleinbürgerliche Idylle und Szeneviertel zu finden sind.

Das Erste, was man machen sollte, egal ob man gerade hergezogen oder als Gast in der Stadt ist: All diese Gegensätze bestaunen – an einem einzigen Tag und auf dem Rad.

Etappe 1: **Jungfernstieg → Krugkoppel**

ES IST ZEHN UHR MORGENS, der Rathausmarkt ist leer. Hier in der Innenstadt Hamburgs wohnt man nicht, hier kauft man ein, macht Geschäfte oder Politik wie im Rathaus, dem prächtigen Bau von 1897, der hinter mir liegt, während ich Richtung Jungfernstieg rolle. Das erste kitschige Postkartenmotiv des Tages taucht schon nach ein paar Metern auf: Die Fontäne in der Mitte der Binnenalster sprüht bis zu 60 Meter in die Höhe, weißer Sprühregen vor blauem Himmel und den zwei Brücken, die man unter- oder überqueren muss, um zur Außenalster zu gelangen. Noch ist die Stadt leer, die ersten Läden machen auf, Touristen warten an der Anlegestelle der Alsterdampfer. Es ist ein Moment des Atemholens vor dem Trubel des Tages, eine noch dunstig-sonnige Ruhe, die sich an der Westseite der Außenalster fortsetzt.

Hier beginnt das Hamburg der weißen Villen, weißen Boote, der teuersten Quadratmeterpreise, das Revier der Segler und Alsterschwäne. Und das Gebiet eines hartnäckigen Klischees: Wenn der Hamburger eines lieber wäre als ein Hamburger, dann wäre er gern ein Brite. Deshalb geht es den vorrangig älteren Herren in Vierer- oder Achterbooten traditioneller Clubs wie »Der Hamburger und Germania Ruder Club«, die jeden Morgen ihre Skulls präzise im Gleichtakt ins Wasser tauchen, auch um mehr als sportliche Ertüchtigung. In diesen exklusiven Clubs rund um die Alster sind Bildung und Benimm wichtig, nennt man seine Kinder immer noch gern Percy oder John, lässt sich sein Geld nicht anmerken, und falls die Breitcordhose vom seit 1845 existierenden Traditionshaus Ladage & Oelke gerissen ist, dann bringt man sie dorthin zum Ausbessern und kauft sich nicht gleich eine neue.

Wer dafür zu wenig hanseatisch ist, aber trotzdem reich und schön, der zeigt sich zwei Kilometer weiter auf der Hundewiese. Häufig mit einem Rhodesian Ridgeback oder einem Weimaraner. Die Hunde und ihre Besitzer haben hier alle glänzende Haare, die Zweibeiner tragen außerdem schöne Mäntel, glitzernde Halsketten, sind durchtrainiert und reden gern über die nächsten Urlaube. »Wir nehmen unseren Philippe ja immer mit auf Fernreisen.« – »Ist das nicht auf Dauer zu anstrengend für den Hund im Frachtraum?« – »Nein, wir reisen mit unserem Privatjet.« Es gibt kaum einen besseren Platz als das direkt nebenan liegende Restaurant-Café »Altercliff«, um die Stadt morgens einzuatmen. Die leicht modrig duftende Alster schwappt im beruhigenden Rhythmus ans Ufer, und man kann jene Hamburger beim Frühstück beobachten, die natürlich alle weltoffen und weit gereist sind, aber einem gleichzeitig nicht verzeihen, wenn man den falschen Gürtel zur Hose trägt, wie der berühmte Architekt Hadi Teherani, der selbst an der Außenalster lebt, einst sagte.

Etappe 2: **Krugkoppel → Rondeelteich**

AM ENDE DER AUSSENALSTER erreiche ich die Krugkoppel. Über die gleichnamige Brücke geht es weiter nach Winterhude. Ich fahre über Hamburgs »heißeste Macchiato-Meile«, den Mühlenkamp, dessen hohe Dichte an blonden Frauen mit Markenkinderwagen zwischen Smoothie-Laden und Traditionsbuchhandlung nicht zu übersehen ist, hinein in den raueren Teil des Viertels. Vorbei an der Kulturfabrik Kampnagel und den Backsteinhäusern ehemaliger Arbeiterviertel bis zum Bootsverleiher Dornheim. Die Ansprache hier ist wie seit Jahrzehnten direkt und ohne Schnickschnack hanseatisch-pragmatisch, auch wenn sich Bootsverleih und angeschlossenes Restaurant in den vergangenen Jahren aufgehübscht haben. »Kajak wie immer, Paddel nimmst du dir selber, wie es geht, weißt du, alles klar, tschüss dann.« Die Wasserkarte wird mir in die Hand gedrückt, und los geht's im Kajak Richtung Barmbek-Nord.

Hinter den Bäumen höre ich rauschende Straßen, vor dem Boot kreuzen Entenfamilien, am Ufer liegt ein Mann und schläft. Jeder grüßt jeden hier auf dem Wasser, die Kellner, die an den Uferterrassen noch →

(1) Beim Päuschen an der Binnenalster spielen Rathausturm und Jungfernstieg Skyline. (2) Bei dem Traditionsschneider Ladage & Oelke kleidet man sich anglo-hanseatisch

1

2

3

4

(3) Die Kulturfabrik Kampnagel ist Treffpunkt für Kreative – etwa beim Werbefilmpreis. (4) Der beste Weg in den Stadtparksee? Ein Hechtsprung

(1) Lichtgestalt des Expressionismus: das Chilehaus im Kontorhausviertel. (2) Im Museumshafen in Övelgönne liegen historische Segelschiffe am Ponton

die Tische wischen, winken herüber, ich könnte anlegen, aber weiter geht es, eine kurze Runde im Stadtparksee, dort zieht im abgetrennten Naturschwimmbad eine Gruppe Frauen ihre Runden. Und dann bin ich schon im Winterhude der Schrebergärten. Vogelkäfige hängen zwischen pinkfarbenen Stauden, Laternen in Bäumen, Hamburgfahnen flattern in verwilderten Blumengärten. Radiomusik ist zu hören, ein oberkörperfreier Mann trainiert unter einem Zwergkirschenbaum, eine Frau mit Kaffeetasse in der Hand liest Zeitung.

Ich paddele Richtung Alster durch einen dunkelgrünen tunnelartigen Wasserweg mit herabhängenden Ästen, durch die das Sonnenlicht schräg auf mein Kajak fällt. Immer mehr Stand-up-Paddler kommen mir auf dem Weg zu meinem Etappenziel entgegen: dem Rondeelteich, um den sich Villen mit weitläufigen Gärten gruppieren und auf dem Schwäne versuchen, den Ruderern ihr Picknick zu klauen. Beschimpfen oder gar mit dem Paddel schlagen ist strengstens verboten, denn Hamburger Schwäne, diese perfekte Kombination aus weiß schimmernder Eleganz und plötzlicher Aggression, dürfen laut eines Ratsmandats aus dem 17. Jahrhundert nicht beleidigt werden.

Etappe 3: **Rondeelteich → Speicherstadt**

ES IST MITTLERWEILE FRÜHER NACHMITTAG, der Weg vom Bootsverleih Richtung Elbe mit dem Fahrrad führt nun zurück zur Alster, die im grellen Licht des Tages glitzert, vorbei an der Imam-Ali-Moschee, der viertältesten Moschee Deutschlands. Menschen sitzen auf Parkbänken und essen mitgebrachte Salate. Ich bestelle eine kräftige Linsensuppe in der »Alsterperle«, einem ehemaligen, umgewandelten Toilettenhäuschen, an dem sich die Besitzer umliegender Geschäfte zur Mittagspause treffen und ein paar Stunden später Hamburger der Kategorie »Ich fahre auch bei Minusgraden immer offen in meinem kleinen Cabrio und liebe Aperol Spritz«, um den Sonnenuntergang vor großartiger Stadtkulisse zu begießen.

Nur ein paar Hundert Meter weiter ist man schon in St. Georg, wo Armut und Wohlstand dicht an dicht und sich großzügig tolerierend nebeneinander existieren. Straßenstrich, Sexshops, Moscheen, türkische Supermärkte, Edelrestaurants, Luxushotels, Künstler- und Schwulenszene, das alles ist St. Georg, und seine Lebensader ist die Lange Reihe. Seit 1939 gibt es hier das »Café Gnosa«, das angeblich die besten Kuchen und Torten der Stadt backt und seit Ende der 1980er-Jahre nach wie vor das Lieblingscafé der schwulen Szene ist. Hier landete ich vor vielen Jahren nachts mit einer großen Liebe und küsste ihn zum ersten Mal. Kommentar der vier Jungs vom Nebentisch: »Schade um den Kerl, aber man muss auch gönnen können.«

Oh, nein! Schon halb drei und noch so viel zu sehen. Ich trete in die Pedale, sause an der Mönckebergstraße, Hamburgs Einkaufsmeile, vorbei und erreiche in Windeseile mein nächstes Etappenziel: die Speicherstadt, noch immer der weltgrößte Lagerhausaufen (siehe auch Seite 112). Bis in die

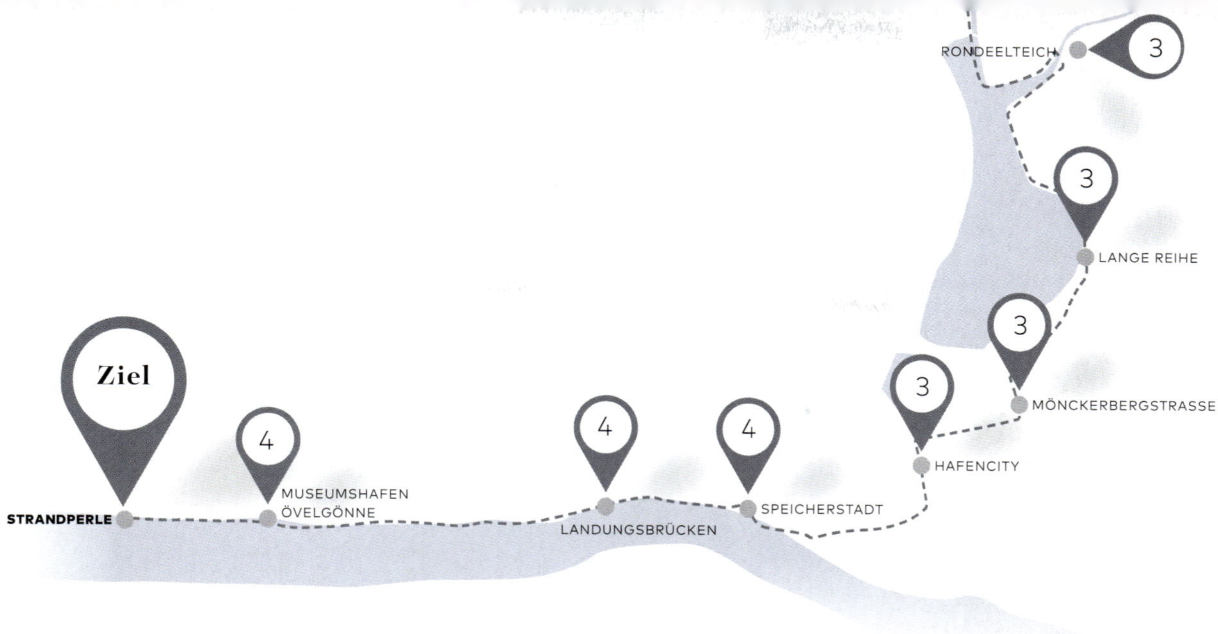

1990er-Jahre kümmerten sich hier Quartiersleute um Kaffee, Tee, Gewürze und Kakao. Heute schlendern Touristen vom Miniaturwunderland zur Elbphilharmonie. Zwischen den eng stehenden neugotischen Backsteinhäusern, die kaum Sonne durchlassen, fließt das Wasser in sogenannten Fleeten. Aus ihm wurde früher sogar Bier gebraut, weswegen die Bewohner damals wohl regelmäßig gebeten wurden, an Brautagen nicht in die Fleete »zu schieten«, wie man auf Platt sagt. Die Hamburger, die kein Blatt vor den Mund nehmen, sind hier mittlerweile längst verschwunden, und ein neues Volk ist direkt nebenan eingezogen: die Bewohner der Hafencity. Europas größtes innerstädtisches Bauprojekt mit seinen Büro- und Wohnhäusern aus viel Glas und Stahl hat die Innenstadt um 40 Prozent erweitert und gilt vielen Hamburgern als zu zugig, wenig grün und nach Geschäftsschluss zu unbelebt, aber es gibt kaum einen Ort in Hamburg, an dem so schnell so viel Neues entsteht. Menschen schließen sich zu Baugemeinschaften zusammen, gründen Kindergärten, machen Kneipen und Läden auf und wieder zu, und Treffpunkt mittendrin sind die Magellan-Terrassen, Kaiserkai und Sandtorkai, wo »Harrys Hamburger Hafenbasar« nach mehreren Umzügen eine Heimat gefunden hat: eine irrwitzige Sammlung von Seemannsschätzen – Vodoo-Puppen aus Afrika, Fruchtbarkeitsgöttinnen aus Indien, Galionsfiguren, die einst am Bug eines Schiffes die Weltmeere bereisten. Ich könnte stundenlang weiterstöbern. Doch ich muss weiter.

Etappe 4: **Speicherstadt → Elbstrand**

JEDEN WERKTAG UM 10 UND UM 21 UHR klingt die Trompete des Turmbläsers vom siebten Boden des Michel-Kirchturms – ein geliebtes Ritual für viele der alteingesessenen Bewohner des nahen Portugiesenviertels. »Das gehört zum Tag wie der Sonnenauf- und -untergang«, sagt die alte Dame mit dem rosagrauen Haar und dem schwer atmenden Dackel. Fast jeden Tag steht sie vor einem Kiosk in der Ditmar-Koel-Straße, liest die »Bild«, hält einen Schnack mit dem Kneipenbesitzer und läuft an der »Eisenkrämerei Chr. Weimeister« vorbei zurück zu ihrer kleinen Wohnung. Das Leben hier war immer bescheiden, hier lebten einst die Hafenarbeiter, hier gab es Hafenkneipen, die Seemannsmission und nordische Seemannskirchen, letztere existieren bis heute. In den 1970er-Jahren kamen portugiesische Einwanderer, die dem Viertel seinen Namen, seine Fischrestaurants und seine Galão-Cafés gaben.

Von hier sind es nur noch ein paar Meter bis zu den Landungsbrücken, diesem auf Pontons schwimmenden Anlegestreifen mit seinen um Hafenrundfahrt-Fahrgäste buhlenden Ranschmeißern, die auch mal mit einem »Gaanz sutsche, min Deern« für Ruhe in aufgeregten Kegelvereingruppen aus den Touristenbussen sorgen: »Ganz langsam, mein Mädchen«. Das nehme ich mir jetzt auch wieder vor.

Ganz in Ruhe esse ich Abendbrot: ein Fischbrötchen an Brücke 10. Dann schiebe ich mein Rad auf die Fähre und fahre mit bis zum Museumshafen Övelgönne. Ab hier gehe ich barfuß den Strand entlang zur »Strandperle«, diesem Kiosk, der für viele Hamburger immer noch der einzig wahre Ort am Wasser ist. Mittlerweile liegt das blaue Licht des frühen Abends über der Elbe. Das Partyschiff »Frau Hedi« zieht vorbei, Menschen tanzen wie zuckende Schatten vor der Kulisse der Schiffskrähne. Ein Kind buddelt mit einem Labrador im Sand um die Wette, es riecht nach Grillwürstchen, die Elbe rauscht und säuselt nicht nur lieblich wie die Alster, und die Menschen, die hier hocken, sind weniger glattgebürstet als an der Alster und ganz einfach zu beschreiben: Sie haben Tränen in den Augen, sobald der Hamburger Musiker Lotto King Karl und Bands wie Kettcar oder Fettes Brot über Hamburg, ihre Perle singen, egal ob sie ein HSV-Rauten-Tattoo oder den St.-Pauli-Totenkopf auf dem T-Shirt tragen. Ich verfolge mit einem Bier in der Hand und den Füßen im warmen Sand die Frachtschiffe mit Blicken, rate, ob sie nach China fahren oder aus Afrika kommen, und weiß, dass das Meer nur etwa 100 Kilometer entfernt ist. Genau deshalb habe ich mich schon vor vielen Jahren gegen die Alster und für die Elbe entschieden. Hamburg, du olle Seemannsbraut, denke ich jedes Mal, wenn ich hier bin, du bist eine einzigartige Mischung aus Zuhause und Fernweh. ◐

Tour de Hamburg

Auf einem Dampfer über die Alster tuckern, im Paddelboot durch Kanäle gleiten, an der Elbe die Füße in den Sand stecken – das sind nur drei unserer 25 Tipps für das klassische Hamburg-Erlebnis mit und ohne Rad

VOM JUNGFERNSTIEG ZUR KRUGKOPPEL

ERLEBEN

Fahrt mit den Alsterdampfern
Gemütlicher geht es nicht übers Wasser: Am Jungfernstieg legen die Alsterdampfer von April bis Oktober stündlich ab, man muss sich nur entscheiden, ob man von Haltestelle zu Haltestelle fahren und immer wieder aussteigen will – oder ob man eine Rundfahrt durch die Kanäle macht. Bei einigen Touren findet der Schnack der Kapitäne auf Platt statt.
alstertouristik.de

Bucerius Kunst Forum
Die besten Kunstausstellungen Hamburgs findet man oft direkt neben dem Rathaus. Daneben gibt es Lesungen, Konzerte und seit 2013 auch Kopfhörerpartys: Alle tanzen gleichzeitig, aber jeder nur nach der Musik, die er auf den Ohren haben will.
buceriuskunstforum.de

ESSEN

Alstercliff
Idealer Stopp für das Frühstück, mit Tischen direkt am Wasser und Aussicht auf typische Alsterbewohner.
alster-cliff.de

Die Genusshelden
Frühstück, Süßes, Mittagessen und Leckeres zum Mitnehmen wie Smørrebrød, also reichlich belegtes hausgebackenes Vollkornbrot.
diegenusshelden.de

SCHLAFEN

Henri Hotel
Zentral und gemütlich, Zimmer im 50er-Jahre-Retrostil und mit echten Holzböden; Sauna, Fitnessraum und hervorragendes Frühstück.
henri-hotels.com, DZ ab 118 €

EINKAUFEN

Ladage & Oelke
Traditionsreicher geht's in Hamburg kaum. Hier lässt sich der richtige Hanseat seit 1845 einkleiden, und zwar vom ersten Dufflecoat über den Konfirmationsanzug bis hin zum Cut für seine Hochzeit.
ladage-oelke.de

VON DER KRUGKOPPEL ZUM RONDEELTEICH

ERLEBEN

Bootsvermietung Dornheim
Es gibt einige Bootsverleiher an der Alster, aber keiner liegt strategisch so günstig für einen umfassenden Einblick in das Winterhuder Wasserleben.
bootsvermietung-dornheim.de

Kampnagel
Eine ehemalige Maschinenfabrik wird heute als Ort für darstellende zeitgenössische Kunst genutzt. Nirgendwo in Hamburg sieht man besseres modernes Tanztheater.
kampnagel.de

ESSEN

Mad about Juice
Eine kleine Bar am Mühlenkamp für Vitaminbombenanhänger. Auf dem Menü: Smoothies und Açai-Bowls – alles wird frisch gepresst und zubereitet und individuell zusammengestellt.
madaboutjuice.de

Liman
Ein Fischrestaurant mitten im Mühlenkamp-Trubel: Die Einrichtung ist schlicht in frischen Farben, der Fisch toll zubereitet, und es gibt auch Plätze im Freien.
liman-fisch.com

SCHLAFEN

Aspria Hamburg Uhlenhorst
Ein Hotel im Stil eines traditionellen Herrenclubs mit einem erstklassigen Sport- und Wellnessbereich, das für Alleinreisende ebenso geeignet ist wie für Familien mit Kindern, besonders wenn man Wellness mit Stadturlaub verbinden will.
aspria.com, DZ ab 111 €

EINKAUFEN

Genussfaktorei
Ein Mekka für Teeliebhaber ist dieser Shop plus Minicafe in der Winterhuder Gertigstraße.
genuss-faktorei.de

VOM RONDEELTEICH IN DIE SPEICHERSTADT

ERLEBEN

Harrys Hamburger Hafenbasar

Seit mehr als 60 Jahren existiert diese kuriose Sammlung von Dingen aus asiatischen Tempeln, von afrikanischen Stämmen oder von südamerikanischen Völkern. Nachdem

Bitte lächeln: an der Bar des »Henri Hotel«

das einzigartige Museum ein paar Mal umziehen musste und immer wieder kurz vor dem Aus stand, hat es nun am Sandtorkai im Rumpf eines Schwimmkrans seinen Platz gefunden.
hafenbasar.de

Maritimes Museum

In einem denkmalgeschützten Kaispeicher erlebt man 3000 Jahre Seefahrtsgeschichte. Die private Sammlung des Hamburgers Peter Tamm umfasst Schiffsmodelle, Uniformen, Konstruktionspläne, Aquarelle, Fotografien und vieles mehr.
imm-hamburg.de

SCHLAFEN

Hotel Wedina

Henning Mankell, Martin Walser und Margriet de Moor haben hier übernachtet, die Hausbibliothek steht voller handsignierter Erstausgaben, zur Buchung gibt es eine Karte für eine Lesung im Literaturhaus gratis, die Zimmer sind individuell eingerichtet, und im Sommer sitzt man im lauschigen Garten.
hotelwedina.de, DZ ab 125 €

25hours Hotel Hafencity

Hier passt alles zusammen: der Hafen und die Schlafkojen, der maritime Industriestyle und die ausgefallenen Kunstwerke, der Service und die Lässigkeit. Und das alles mittendrin – in der Nachbarschaft von Speicherstadt und Elbphilharmonie.
25hours-hotels.com, DZ ab 103 €

ESSEN

Oberhafen-Kantine

Früher holten sich die Hafenarbeiter ihre Frikadellen in diesem schiefen Haus am Oberhafen. Heute steht das Gebäude unter Denkmalschutz, und die Küche serviert immer noch Frisch-Deftiges.
oberhafenkantine-hamburg.de

AUS DER SPEICHERSTADT ZUM ELBSTRAND

ERLEBEN

Hamam Hafen Hamburg

Wassergüsse, Körperpeeling, wohlige Gerüche, Seifenschaummassagen, und das alles nach türkischer Art und in geschmackvoller Einrichtung. Genau das Richtige nach einer Fahrradtour.
hamam-hamburg.de

Hafenfähre

Die HADAG-Linie 62 ist eigentlich das Transportmittel der Pendler von einer Elbseite zur anderen, aber mittlerweile für viele Touristen eine preiswerte Alternative zur typischen Hafenrundfahrt. Die Fähre startet ab Brücke 3 und fährt elbabwärts, hält am Fischmarkt, dem Dockland und schließlich am Museumshafen Övelgönne. Wer sitzen bleibt, kreuzt die Elbe nach Finkenwerder und fährt von dort aus wieder zurück an die Landungsbrücken.
hadag.de/hafenfaehren.html

Strandperle

Es gibt mittlerweile mehrere Beachclubs in Hamburg, aber das einzig wahre Strandgefühl bei Bier, Limonade, Kaffee, Kartoffelsalat und Brezen suchen viele Hamburger an einer kleinen Bretterbude in Oevelgönne. Die Strandperle ist sozusagen das sandige Wohnzimmer der Hamburger bei schönem Wetter.
strandperle-hamburg.de

Frau Hedi

Ein schwimmender Club, der über die Elbe schippert – das ist die »Frau Hedi«. Auf die Barkasse passen 90 Leute, deshalb ist das Boot schnell voll, wenn eine der berühmten Partys mit angesagten DJs steigt. Das bedeutet: früh am Anleger an der Brücke 10 an den Landungsbrücken sein.
frauhedi.de

EINKAUFEN

Eisenkrämerei Chr. Weimeister

Vieles im Portugiesenviertel hat sich ganz auf die Wünsche der Touristen ausgerichtet, aber dieses Geschäft verkauft wie eh und je Petroleumlampen, Schraubendreher und alles, was man für die Schiffsausrüstung braucht.
weimeister.com

The Art of Hamburg

Wer die T-Shirts im Fenster sieht, könnte auf den ersten Blick denken, dass sie durch Maschinenöl gezogen wurden, aber alles in dem kleinen Laden zweier Hamburger Künstler im Portugiesenviertel ist individuell und ausgefallen bemalt oder handbedruckt – ob es nun Klappkarten, Geschirrhandtücher oder Klamotten sind.
the-art-of-hamburg.de

ESSEN

Brücke 10

Hamburgs beste Fischbrötchen, was will man mehr sagen. Hingehen, am Wasser sitzen, Barkassen und Schiffe beobachten, eine Knolle Astra dazu – fertig ist das kleine Hamburger Glück.
bruecke10.com

ALLGEMEIN

Fahrradverleih

»Stadtrad« und »Donkey Republic« sind mit jeweils rund 100 Leihstationen die größten Fahrradverleiher in Hamburg. Die Räder können an jeder beliebigen Station entliehen und wieder abgegeben werden. Einen guten Überblick mit allen nötigen Informationen zu den wichtigsten Fahrradverleihern in Hamburg gibt die Stadt Hamburg unter:
tinyurl.com/hamburg-fahrrad

Schräg und gut: »Oberhafen-Kantine«

UNTERWEGS MIT

FRAU ELBVILLE

Teil 1*: Street-Art – Kunst aus der Sprühdose

Frau Elbville …

… alias Susanne Krieg ist Journalistin, lebt seit mehr als 20 Jahren in Hamburg und zeigt unter **hamburg-companion.com** und auf **Instagram** unter **frau_elbville** regelmäßig echte Perlen aus ihrer Lieblingsstadt. Sehr empfehlenswert: Frau Elbvilles **Fotosafaris zum Download** (4,99 €), die zu den Highlights der Stadt, durch St. Pauli oder zum Hafen führen.

1 2

3

Street-Art kommt und geht – mit etwas Glück halten sich diese Mauerbilder: **1 Schwarz-rot-weiß** von Künstler Mittenwald, in Altona beim Bistro »Krögers Kleine Schwester«, Große Bergstraße 241. **2 Santa Muerte** von Anna T-Iron, Paul-Roosen-Straße 28. **3 Die große Welle** schwappt durch die Barnerstraße 1. **4 Angel Klub** Frau Elbville vor dem gleichnamigen Klub, St. Pauli Fischmarkt 18

*Teil 2 auf Seite 90, Teil 3 auf Seite 100

4

Concerto grosso

Welche Saiten bringt die Elbphilharmonie in den Menschen zum Klingen? 15 Musiker, Fans, Nachbarn und Mitarbeiter erzählen, was sie mit Hamburgs schillerndem Konzerthaus verbindet

TEXT **Cara Westerkamp** FOTOS **Chantal Alexandra Pilsl**

Wir sin

d Elphi

Sascha Dünnebacke (l.), Träger eines Elbphilharmonie-Tattoos, und Saerom Park, Cellistin im »Ensemble Resonanz«

Sascha Dünnebacke

ELPHI-TATTOO-TRÄGER

»Vor Kurzem war ich auf meinem ersten Konzert in der Elbphilharmonie, einem Violinkonzert, hatte die Karten geschenkt bekommen. Ist wirklich eine schöne Akustik. Aber mein Stil war's nicht, ich bin eher rockig unterwegs. Dass es ein Konzertsaal ist, war für mein Tattoo nebensächlich. Die Elbphilharmonie ist für mich mehr ein Symbol. Ich kann sie von meinem Büro aus sehen, ich habe den Bau miterlebt, die Diskussionen, was für eine Steuerverschwendung das sei, ob sich das lohnt … und jetzt ist sie Hamburgs Wahrzeichen. Wenn man etwas durchzieht, obwohl es von anderen zerredet wird, kann es trotzdem Erfolg haben.«

ZUR PERSON

Sascha Dünnebacke, 34, arbeitet als Trainer für Führungskräfte. Sein Elphi-Tattoo ließ er sich in sechs Stunden stechen. Seine Mittagspause verbringt er gern auf der Plaza: »Einfach kurz mal über den Dingen stehen«

Saerom Park

CELLISTIN IM ENSEMBLE RESONANZ

Worauf freuen Sie sich vor einem Konzert besonders? Es gibt manchmal einen Moment, in dem man eine Brücke zum Publikum schafft. Wenn alles, was man vorbereitet hat und mit sich bringt, beim Publikum ankommt. Ich habe dann das Gefühl: Das ist es. Jetzt.
Welche Zuhörer sind Ihnen die liebsten? Ich finde es schön, wenn die Leute mitgehen. Wir spielen in der Elbphilharmonie viel neue Musik, und manchmal sehe ich, dass Zuschauer überrascht sind. Wenn dieses Staunen in diesem Moment entsteht, dann finde ich das toll.
Was ist das Schwerste an Ihrem Beruf? Das Cello. Vor allem bei Flugreisen. Weil ich nicht online einchecken kann, da ich für mein Cello einen Sitz buchen muss. Und weil am Schalter selten jemand schon mal ein Cello eingecheckt hat.

ZUR PERSON

Saerom Park, 37, ist Teil des 18-köpfigen Streichorchesters »Ensemble Resonanz«, des Ensembles in Residence im Kleinen Saal der Elbphilharmonie

Jörn Wiemann

STIFTER EINER TREPPENSTUFE

»Säulen konnte man als Pate nach sich benennen lassen, Sitze im Saal und sogar ganze Foyers. Ich hab mich für die 22. Treppenstufe zum Großen Saal entschieden und 10 000 Euro gestiftet. An der Stufe steht jetzt auf einem kleinen Schild mein Name. Als Stifter bekomme ich manchmal ein Vorkaufsrecht für Tickets, aber ich will dafür gar nicht bevorzugt werden. Ich wollte einfach zum Entstehen beitragen, weil gerade im Kulturbereich oft das Geld fehlt. Die Patenschaft habe ich für fünf Jahre, danach werde ich abgeschraubt, und es gibt einen neuen Paten.«

ZUR PERSON

Jörn Wiemann, 47, kaufmännischer Leiter in Hamburg, findet, dass Kultur stärker von Privatpersonen gefördert werden sollte. Er hat Treppenstufe 22 gewählt, weil sein Freund an einem 22. Geburtstag hat

Madeleine Marx

GENERALDIREKTORIN DES »THE WESTIN HAMBURG«

»Ich bin schon sehr lange in der Hotellerie tätig und wusste: Wir brauchen die Elbphilharmonie, damit die Leute nach Hamburg kommen. Jetzt ist es so, dass wir sogar sehr viele Gäste haben, die nicht mehr als eine Autostunde von Hamburg entfernt

wohnen. Die ergattern Konzertkarten und gönnen sich dann das Rundum-Wohlfühl-Paket: Konzert, schönes Abendessen, Zimmer mit Ausblick, Frühstück per Roomservice. Die Elbphilharmonie hat den Urlaub in der eigenen Stadt beliebt gemacht.«

ZUR PERSON

Madeleine Marx ist seit 2018 Generaldirektorin des »The Westin Hamburg« in der Elbphilharmonie und kümmert sich um 150 Mitarbeiter und 244 Zimmer

Karl Polack

INDUSTRIE-KLETTERER

»Auch wenn man das denken könnte, wenn wir in 110 Meter Höhe an der Elbphilharmonie hängen und die Fenster putzen: Erfahrung im Bungee-Jumping ist für uns kein Einstellungskriterium. Ich habe das jedenfalls noch nie gemacht. Wir sind eigentlich alle Handwerker mit zusätzlicher Kletterausbildung. Jeder von uns darf maximal drei Stunden am Stück hängen, höchstens sechs Stunden am Tag. Nur wenn es zu windig wird, müssen wir aufhören und warten, bis das Wetter sich beruhigt hat.«

ZUR PERSON

Dreimal im Jahr putzen Karl Polack, 32, und sein Team die 1100 gläsernen Fassadenelemente der Elbphilharmonie, der Job dauert rund drei Wochen. Bekannt wurden die Kletterer durch das »Window Waltz«-Video, in dem sie zum Rhythmus des Donauwalzers arbeiten

Monika Wergin

DAUERBESUCHERIN

Die Elbphilharmonie scheint Ihr zweites Zuhause zu sein. Es kommt vor, dass ich eine Woche lang jeden Tag ein Konzert höre, an manchen Tagen sogar zwei. In der Regel bin ich zwei oder drei Mal die Woche hier.

Wie kommen Sie an so viele Tickets? Ich habe sieben Abos, das sind 40 Karten pro Saison. Mit den Einzelkarten ist es schwieriger. Man muss am Ball bleiben! Viele Tickets werden ja per Los vergeben. Ich hatte mich in dieser Saison für 20 Konzerte gemeldet, bei 16 hatte ich Glück.

Sie tragen sogar Schmuck in Form der Elbphilharmonie. Ja, selbst entworfen! Bei meinem VHS-Goldschmiedekurs habe ich zum Beispiel ein Elbphilharmonie-Amulett gefertigt, das mit dem Dach nach unten an einer Kette hängt. Das kann man durchaus philosophisch sehen: Die Elbphilharmonie hat mein Leben auf den Kopf gestellt.

ZUR PERSON

Monika Wergin, 69, pensionierte Lehrerin aus Lüneburg, hat mittlerweile fast 150 Konzerte besucht

Dennis Spahn

BIERSOMMELIER

Warum eine Bierbrauerei und keine Champagnerbar? Es war Wunsch der Stadt Hamburg: eine Brauerei, damit der »normale Hamburger« reinkommen, die »Mopo« lesen und sein Bierchen trinken kann. **Wie viel wird denn getrunken?** 2018 haben die 750 000 Besucher unserer Gastronomie insgesamt 1500 Hektoliter Bier getrunken. Das sind 0,2 Liter pro Gast. Ein Australier schrieb uns nach einer Verkostung in einer E-Mail, dass er die Stärke unseres Biers unterschätzt habe. Er hatte damals ein Schild dabei, auf dem »Suche Konzertkarten« stand. Damit rannte er alle paar Minuten raus auf die Plaza. Auch noch, als das Konzert schon lange vorbei war. **Was ist die Elbphilharmonie-Spezialität?** Wir bieten 16 Biere vom Fass. Unser »Baltik-Lager« mit seiner malzigen Süße schmeckt wunderbar zu Mohnkuchen. Das Bier brauen wir selbst, der Kuchen ist selbst gekauft. Darüber beschweren sich manche, aber ehrlich: Wie oft bekommen Sie in einer Bäckerei selbst gebrautes Bier?

ZUR PERSON

Dennis Spahn, 37, war Finanzberater, bis er 2015 eine Biersommelier-Ausbildung machte und bei dem Restaurant »Störtebeker Beer & Dine« anfing

Barbara Lebitsch

KÜNSTLERISCHE PROGRAMM-KOORDINATORIN

»Auch Konzerte von nicht klassischen Künstlern funktionieren in der Elbphilharmonie gut. Am besten, wenn diese sich genau klargemacht haben, wo sie hier spielen. Denn es ist natürlich kein Stadion, sondern ein Konzertsaal, der von sich aus schon klingt. Toll ist es, wenn die Künstler in ihrem Programm darauf reagieren. Wir hatten mal die ›Einstürzenden Neubauten‹ hier, eine Punkband, bei der wir am Anfang Angst hatten, die bringe das Haus wirklich zum Einsturz. Aber sie ist mit dem Saal ganz anders umgegangen, mit der Lautstärke und der Dynamik. Plötzlich klang sie nach Kammermusik. Und dabei waren es noch immer ihre Songs. Aber eben für die Elbphilharmonie.«

ZUR PERON

Barbara Lebitsch, 46, hatte in ihrer Schulzeit ein Schlüsselerlebnis bei einem klassischen Konzert von Karlheinz Stockhausen: Seitdem wusste sie, dass sie genau solche Konzerterlebnisse für andere Menschen schaffen will. Heute plant sie das musikalische Programm der Elbphilharmonie

TICKETS KAUFEN

Eintrittskarten für Konzerte in der Elbphilharmonie gibt es online, am Ticketschalter im Haus oder bei Konzertkassen, ein Teil wird per Los vergeben (nähere Angaben dazu im Internet auf der Website *elbphilharmonie.de*). Der lohnenswerte Plaza-Besuch ist kostenlos, trotzdem braucht man ein Ticket (im Besucherzentrum vor dem Haupteingang). Wer online ein bestimmtes Zeitfenster vorbucht, zahlt 2 Euro.
elbphilharmonie.de
Tickethotline: 040-35 76 66 66

TOUR GEWINNEN

Lust, drei Stunden lang **hinter die Kulissen zu schauen**? Machen Sie mit bei unserem **Gewinnspiel**, und treffen Sie zusammen mit einem Mitglied der Redaktion am 5. Juni 2019 bei einer **exklusiven Tour** die Gästeführerin Janina Trienekens, Mitglieder des »Ensemble Resonanz« und Biersommelier Dennis Spahn. Einfach unter www.geo.de/hamburg-gewinnspiel registrieren. Im Lostopf sind 15 x 2 Plätze. Hinweise zum Datenschutz: *geo.de/reise-datenschutz*

1 Der Kaispeicher A wurde zum Fundament der Elbphilharmonie.

2 Die Fassade besteht aus 1100 Fassadenelementen.

3 Die Rolltreppe ist 82 Meter lang und bildet einen leichten Bogen.

4 Die Plaza in 37 Meter Höhe ist öffentlicher Raum. Höhepunkt: der Außenrundgang mit Stadt- und Hafenblick.

5 Der Große Saal bildet das Herzstück des Hauses: 2100 Plätze ordnen sich terrassenförmig um eine mittige Bühne.

6 Der Klangreflektor unter dem zeltförmigen Deckengewölbe verteilt den aufsteigenden Klang gleichmäßig im Raum.

7 Die Orgel mit 69 Registern und 4765 Pfeifen ist ein wichtiger Teil des Klangerlebnisses im Großen Saal.

8 Der Kleine Saal fasst bis zu 550 Zuhörer.

9 Die Kaistudios bieten Raum für experimentelle Musik, Vorträge und die Instrumentenwelt.

10 Die Foyer-Bar besuchen Durstige vor, nach und während Konzerten.

11 Das Hotel hat insgesamt 244 Zimmer auf 14 Ebenen.

12 Die 45 Wohnungen besitzen verglaste Fronten und Balkone.

13 Das Parkhaus hält knapp 450 Autostellplätze bereit.

Alan Gilbert

DESIGNIERTER CHEFDIRIGENT DES NDR ELBPHILHARMONIE ORCHESTER

Warum passt das so gut – Alan Gilbert und das NDR Elbphilharmonie Orchester? Eine Beziehung zwischen Dirigent und Orchester ist wie eine Beziehung zwischen Menschen. Man kann nicht immer erklären, warum manche Freunde werden und andere nicht. Vor der allerersten Probe weiß man nie, was einen erwartet. Doch die Chemie stimmte. Sofort.

Was ist Ihre Vision für die Elbphilharmonie? Ich möchte mit Leidenschaft eine Verbindung zu den Zuschauern schaffen. Besonders zu den Hamburgern. Denn wir sind nicht ein Orchester, das in Hamburg spielt. Wir sind Hamburgs Orchester. Man muss hier ja beinahe gar nicht mehr ankündigen, was man spielen wird, trotzdem wollen die Leute Karten. Man könnte meinen, das sei der falsche Grund, in ein Konzert zu gehen. Aber es gibt keinen falschen Grund. Wenn die Gäste da sind, können wir als Orchester eine Beziehung zu ihnen aufbauen.

Wie klingt das? Viele Orchester gleichen sich, aber dieses ist ganz eigen. Es hat eine Tiefe und Wärme im Klang, die ich sehr schätze. Man hört die Liebe.

ZUR PERSON

Von 2009 bis 2017 war der US-Amerikaner Alan Gilbert, 52, Chefdirigent der New Yorker Philharmoniker. Mit Beginn der Spielzeit 2019/2020 wird Gilbert das NDR Elbphilharmonie Orchester leiten

Ivana Dorušáková

HAUSDAME

»Meine Arbeit als Hausdame geht morgens um sechs los. Sobald die Grundreinigung fertig ist, verpasse ich den 24 Garderoben im Backstagebereich den Feinschliff. Ich bin dafür verantwortlich, dass sie nicht nur gereinigt, sondern auch auf einem immer gleichen Standard sind. Ich lege zum Beispiel saubere Handtücher für die Musiker hin oder poliere das Piano nach. Viele Künstler kommen schon frühmorgens an, während ich noch arbeite. Sie sind immer sehr nett, wirklich. Das ist besonders, deswegen liebe ich meine Arbeit hier. Das hat man nicht überall, morgens schon nette Leute zu treffen.«

ZUR PERSON

Den Job der Hausdame hat Ivana Dorušáková, 46, seit Anfang 2017 inne, weil der letzte prüfende Blick doch wichtiger ist als anfangs gedacht. Die Kollegen schätzen sie als »unsere Perle«

Kaia Hansen

MITARBEITERIN AN DER KONZERTKASSE

Kommt man kurzfristig an Karten? Viele Kunden denken, dass die Konzerte für die nächsten Jahre ausverkauft sind. Das stimmt aber nicht. Man bekommt fast immer an der Abendkasse noch Restkarten oder kann kurz vor dem Konzert anrufen, um nachzufragen, ob es noch welche gibt.

Geht die Nachfrage denn zurück? Nein, aber was etwas weniger wird, ist der Satz: »Ich möchte eine Karte – egal für was.« Wenn Kunden blind Karten gekauft haben und nach zehn Minuten das Konzert verlassen, weil

die Musik so gar nicht ihren Vorstellungen entspricht, stört das schon sehr. Unbemerkt kommt aus dem Saal keiner.

Wann gab es die längste Schlange an der Kasse? Bei einem Popkonzert von Rita Ora. Die Schlange reichte bis zum Vorplatz der Elbphilharmonie.

ZUR PERSON

Kaia Hansen, 65, arbeitet seit Beginn mit 25 Kollegen an den Konzertkassen

Christoph Lieben-Seutter

GENERALINTENDANT

»Wir sind seit der Eröffnung so stark gewachsen, dass ich nicht mal mehr alle meine Mitarbeiter kenne. Aber sie mich auch nicht immer. Natürlich freue ich mich, wenn ich mit Namen angesprochen werde, aber ich verlange es nicht. Wenn ich über den Publikumsbereich in die Säle gehe, wo vor den Konzerten die Kartenkontrolle stattfindet, und mich jemand von den Kollegen nicht erkennt, dann zeige ich einfach meinen Ausweis her.«

ZUR PERSON

Christoph Lieben-Seutter, 54, ist Generalintendant von Elbphilharmonie und Laeiszhalle. Bevor er nach Hamburg kam, arbeitete der gebürtige Wiener am Wiener Konzerthaus und am Opernhaus Zürich

Thomas Lepler

KONZERTTECHNIKER

»Die optimale Luftfeuchtigkeit für einen Flügel liegt bei 48 Prozent, wie in den Sälen der Elbphilharmonie. Aber wenn sich der Saal vor einem Konzert füllt und die Leute vielleicht noch feuchte Regenklamotten tragen, verändert das noch mal die Luftverhältnisse. Dann stimme ich nach. Mein Gehör muss dafür perfekt funktionieren. Um es zu schützen, trage ich privat zum Beispiel auf extrem lauten Konzerten in Stadien oder in Clubs einen Gehörschutz, mit dem ich über einen Filter die Dezibel verringern kann.«

ZUR PERSON

Inspiriert von Thomas Manns Roman »Buddenbrooks«, in dem der jüngste Spross Klavier spielt, absolvierte Lepler, 38, eine Ausbildung zum Klavierbauer. Heute kümmert er sich mit seinen Kollegen im Auftrag von Steinway & Sons um die 13 Flügel und Klaviere in der Elbphilharmonie

Christian Böhm

PARKHAUSMANAGER

»Für mich ist das nicht nur irgendein Parkhaus, sondern das Parkhaus der Elbphilharmonie. Es ist ein großes Gefühl, ein Teil von alldem zu sein. Ich bin hier für alle administrativen und technischen Aufgaben zuständig. Das reicht von der Schadensbehebung an Kassen und Schranken über die Angebotserstellung etwa für Events des ›Westin‹-Hotels bis zur Planung und Betreuung von Filmdrehs oder Großveranstaltungen wie der Chanel-Modenschau mit über 250 Shuttle-Limousinen. Nach meiner Schicht frage ich manchmal an der Abendkasse, ob's noch Karten gibt. Aber geklappt hat es bis jetzt noch nie.«

ZUR PERSON

Christian Böhm, 38, ist verantwortlich für knapp 450 Parkplätze

Janina Trienekens

GÄSTEFÜHRERIN

Welche Tour gehen Sie mit Ihren Gästen? Wir führen unsere Gäste vom historischen Kaispeicher, auf dem die Elbphilharmonie steht, über die Plaza bis in den Großen Konzertsaal.

Und welche Frage hören Sie dabei am häufigsten? Lustigerweise fragen deutsche Gruppen sehr oft nach der Reinigung: Wie putzt man die weiße Haut im Großen Saal? Oder: Wie oft wird hier Staub gewischt, wie pflegt man den Holzboden?

Und wie macht man das? Wir haben zwar spezielle Reinigungsmittel, aber im Prinzip ist es traditionelles Putzen: Man wischt über die Oberflächen.

Welche Orte zeigen Sie auf den Touren nicht? Den Backstagebereich, ich möchte den Künstlern ihre Ruhe gönnen. Und in die Orgel klettern wir auch nicht.

Was ist Ihr persönlicher Lieblingsort? Die Mitarbeiterkantine im zwölften Stock. Weil das Essen so toll ist und man von dort einen traumhaften Ausblick über den Hafen hat. Allerdings gibt es die für meine Gäste auch nicht zu sehen.

ZUR PERSON

Janina Trienekens, 32, ist eine von zwölf Gästeführern und -führerinnen, die pro Tag drei bis vier 75-minütige Touren durch die Elbphilharmonie anbieten

STERNSCHANZE

—

Der Basar unter den Stadtteilen,
wo jeder etwas anderes sucht – von den guten alten Zeiten
über den neuesten Schrei bis zur eigenen Identität.

53° 33′ 42″ **N,** 9° 57′ 44″ **O**

FLÄCHE 0,6 km²
BEWOHNER 7.805
BEZIRK ALTONA

STEREOTYPES
Rote Flora, Mövenpickhotel, Galão-Strich, Barhopping, Schanzenfest, Widerstandskultur, Gentrifizierung, Dealer, Bullerei, Döner.

LAUTSTÄRKE

0 — 10

MIETE

15,28 Euro/m²

ALTERSDURCHSCHNITT

0–10 | 10–20
20–30 | 30–40
40–50 | 50–old

VERKEHR

U3 U-Bahn
S S-Bahn

NACHBARSCHAFT

Dienstleister	☒	☒	Händler
Kreative	☒	☐	Techniker
Akademiker	☐	☐	Kaufleute
Schurken	☒	☒	Studenten

Parks ☒ Uferzonen ☐ Spielplätze ☒ Altbauten ☒ Neubauten ☐

Konzept & Gestaltung: BUREAU BALD GmbH | sale@bureau-bald.de | Druck: Dynamik Druck GmbH

I love
STEREOTYPES

In der Schanze trägt man Bart, in Blankenese Lederschuhe, in Eimsbüttel Hoodie: Für ihre Stadtteil-Poster haben die Kreativen der Designagentur »Bureau Bald« die lustigsten Eigenheiten und Marotten ihrer Lieblingsviertel illustriert. So überraschend können Klischees sein!

I LOVE STEREOTYPES ABOUT

HAFENCITY

—

Das Topmodel unter den Stadtteilen, das nicht nur elitär und exklusiv sein kann – sondern hinter der makellosen Fassade auch einfach stinknormal ist.

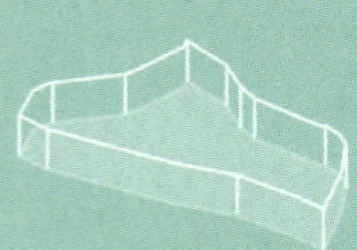

53° 32' 30" **N,** 9° 59' 36" **O**

FLÄCHE 2,4 km²
BEWOHNER 1.914
BEZIRK HAMBURG-MITTE

STEREOTYPES
Elbphilharmonie, Freihafen, Speicherstadt, Überseeboulevard, HC Universität, Spinnen, Workaholics, Kreuzfahrtterminal, moderne Architektur, Design-Disneyland.

LAUTSTÄRKE

0 — I — 10

MIETE

15,92 Euro/m²

ALTERSDURCHSCHNITT

0–10 | 10–20
20–30 | 30–40
40–50 | 50–old

VERKEHR

U-Bahn

NACHBARSCHAFT

Dienstleister	☒	☐	Händler
Kreative	☒	☒	Techniker
Akademiker	☐	☒	Kaufleute
Schurken	☐	☒	Studenten

I LOVE STEREOTYPES ABOUT

BLANKENESE

–

Das Königreich unter den Stadtteilen, in dem sich große Fische und alte Seebären einen Hang zu Elbe, Nostalgie und guten Kuchen teilen.

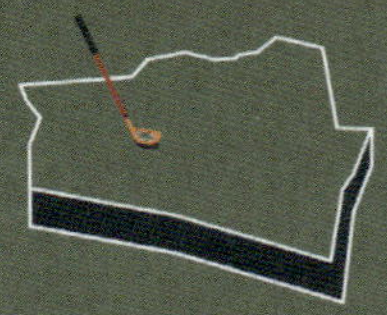

53° 33' 30" **N,** 9° 48' 40" **O**

FLÄCHE 8,3 km²
BEWOHNER 13.122
BEZIRK ALTONA

STEREOTYPES

Reetdächer, Polospieler, Kreeks, hanseatische Riviera, Barbour-Jacken, Elbe-Camp, Rummelpott, Süllberg, Reiterhosen, Treppenviertel, Segelyachten, Baurs Park, Elbstrand, Falkensteiner Ufer, Airbus, Heldenlauf.

LAUTSTÄRKE

0 1 10

MIETE

13,45 Euro/m²

ALTERSDURCHSCHNITT

0–10 10–20
20–30 30–40
40–50 **50–old**

VERKEHR

S1
S-Bahn

NACHBARSCHAFT

Dienstleister	☒	☐	Händler
Kreative	☐	☐	Techniker
Akademiker	☒	☒	Kaufleute
Schurken	☐	☐	Studenten

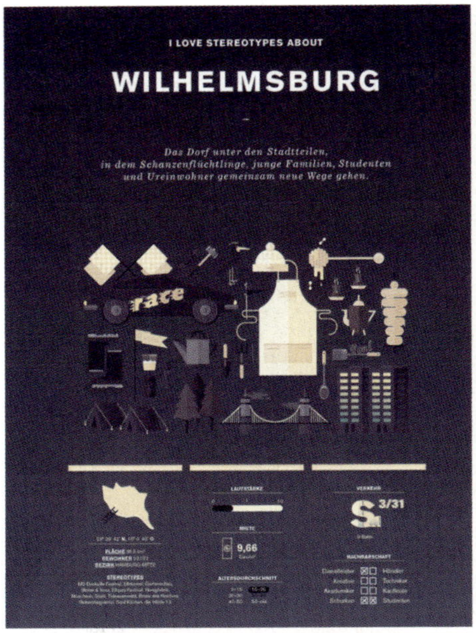

DIE WILDE 13

St. Pauli, Barmbek oder Schanze: Für ihre Reihe »I love stereotypes about …« hat die Ottenser Kreativagentur »Bureau Bald« in monatelanger Recherche insgesamt 13 Hamburger Stadtviertel erkundet. »Ein Herzensprojekt«, sagt Creative Director Patrick Meny; Fortsetzung folgt! Die Kiez-Grafiken gibt es als Poster zu kaufen (21,90 €), als Quartett (16,90 €) oder auf Schneidebrettchen (14,90 €). Ideal für Hamburg-Fans, Quiddjes und echte Hanseaten. Online zu bestellen unter *bureau-bald.de*

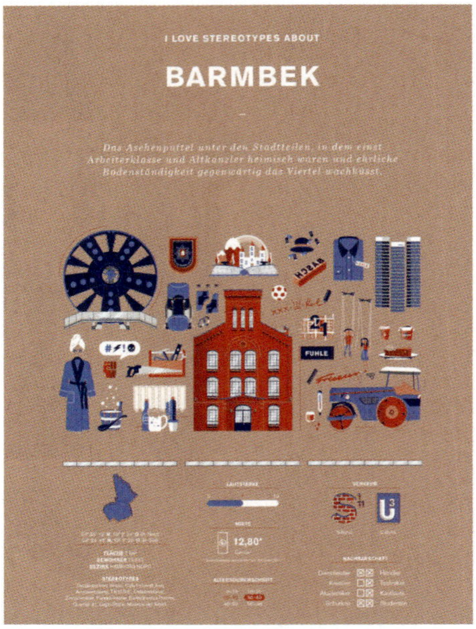

© Die Bureau Bald GmbH ist eine Hamburger Designagentur mit Sitz in Ottensen. Sie ist spezialisiert auf klassische und digitale Kommunikationslösungen sowie Konzeption und Umsetzung von Editorial-, Corporate- und Web-Design. Bureau Bald ist in den Branchen Mode, Kultur, Kunst, Groß- und Einzelhandel sowie Technik tätig.

I LOVE STEREOTYPES ABOUT

EIMSBÜTTEL

—

Das Mixtape unter den Stadtteilen, das alle Stile unserer Stadt auf faszinierend unspektakuläre Weise zu einem gemeinsamen Beat verdichtet.

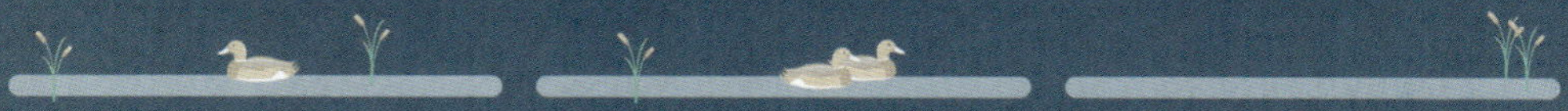

53° 34′ 33″ **N**, 9° 57′ 7″ **O**

FLÄCHE 3,2 km²
BEWOHNER 56.097
BEZIRK EIMSBÜTTEL

STEREOTYPES
Auster Bar, Esszimmer, Kaifu, Kleine Konditorei, Eimsbush, jüdisches Viertel, weißes Dinner, Grindlhochhäuser, Lenzsiedlung, Osterstraßenfest.

LAUTSTÄRKE

0 — 10

MIETE

13,47 Euro/m²

ALTERSDURCHSCHNITT

0–10	10–20
20–30	30–40
40–50	50–old

VERKEHR

U2
U-Bahn

NACHBARSCHAFT

Dienstleister	☒	☒	Händler
Kreative	☐	☐	Techniker
Akademiker	☒	☐	Kaufleute
Schurken	☐	☒	Studenten

Früher eine Kiezkneipe, heute »HaCo«, kurz für »HamburgCorner«: Auf St. Pauli pflegt Küchenchef und Inhaber Björn Juhnke (r.) seine Vorliebe für den Norden, mit skandinavisch-reduziertem Innendesign und Zutaten, die möglichst aus der Region – oder nördlicheren Gefilden – kommen

Frischer Wind aus dem Norden

Sie setzen auf Hightech, ungewöhnliche Locations und wenige, dafür hochwertige Produkte: Hamburgs junge Köche krempeln die Gastroszene um – auch mit Mut zu Risiko und Lücke

TEXT **Michael Stössinger**

1

Das Präludium dauert sechs Minuten

und kommt in kleinsten Portionen daher. Erst süß, dann sauer, dann salzig, bitter und schließlich würzig. Thomas Imbusch will seine Gäste »sensorisch sensibilisieren«.

Noch bevor sie sich an den gedeckten Tisch setzen können, hat Imbusch sie deshalb zum Küchentresen gebeten. Fünf Häppchen gibt es hier, für jeden Grundgeschmack eines: Rote Bete, Ziegenkäsetarte, pochierte Auster an ausgelassenem Schweinefett, Kimchi mit Olive im Pampelmusen-Zucker-Sud und am Ende ein Süppchen aus geröstetem Hühnerfuß und Dashi. Süß, sauer, salzig, bitter, würzig. Kurz blitzt bei diesem Auftakt das einstige Lehrerkind in dem 1,95 Meter großen und weit über 100 Kilo schweren Patron hervor. Macht aber nichts, Imbuschs Didaktik ist unangestrengt. Der sensibilisierte Gast wendet sich seinem Tisch zu, Thomas Imbusch seinem Ofen.

Willkommen in Rothenburgsort jenseits der Elbbrücken. Dort, wo der Hamburger Hafen noch steingrauer Hafen ist, nicht fassadenglänzende City. Im dritten Stock eines alten Speichers am Brandshofer Deich hat sich der ehemalige Küchenchef des TV-Kochs Tim Mälzer im Sommer 2018 seinen Traum vom eigenen Restaurant erfüllt, samt Molteni-Herd. Ein tonnenschweres Einzelstück, ein Rolls-Royce unter den Öfen, ein Statement aus Stahl, der Preis: sechsstellig. Imbusch gehört mit seinem Restaurant »100/200 Kitchen« zu den mutigen neuen Küchenchefs, die der verbreitet bräsigen Hamburger Küche neuen Schliff geben wollen.

THOMAS IMBUSCHS KONZEPT ist das größte Experiment der Stadt: Da ist der eigenwillige Ort abseits des innerstädtischen Establishments. Da ist die Küche, platziert mittig im offenen Raum mit seinen neun großen Holztischen und seinen überdimensionierten Wandregalen mit Eingemachtem. Ein Raum, der bewusst den Charme der Werkbank versprüht, pures, ehrliches Handwerk vermitteln soll; und das gelingt auch. Beinahe revolutionär ist das Bezahl- und Menüsystem: Reservierungen werden nur per Vorkasse angenommen, die Speisenfolge erfahren die maximal 38 Gäste nach Ankunft.

Zwei Grundprodukte verarbeitet Imbusch zu einem Menü, das je nach Wochentag zwischen 95 und 119 Euro kostet. An diesem Abend tischt er drei Gänge Flusskrebs und Jungrind auf. Den Krebs mal mit Kraut und Knäckebrot, »das kleckert, geht aber nur mit der Hand«. Das »vergessene Lebensmittel Flusskrebs beziehe ich aus Plön, ein schwieriges Produkt mit wenig Ertrag, aber jede Anstrengung wert«. Das Rind kommt als Cannelloni Bordelaiser Art mit Petersilie, Kalbsmark, Demi-Glace und knusprigem Brioche. Der Chef serviert (auch) selbst, kniet nieder, um dem Gast bei der Präsentation auf Augenhöhe zu begegnen.

Imbusch ist richtig gut, er weiß das, und er muss es auch sein: Laufkundschaft verirrt sich nicht an den Brandshofer Deich, und wer vorausbezahlt, dürfte schon eine erste Sensibilisierung erfahren haben. Vielleicht aber ist das Ticketing, das es so in Deutschland nur noch in Berlin gibt, der Ausweg aus einem der größten Dilemmata der gehobenen Gastronomie, nicht nur in Hamburg: dass die Menschen reservieren und dann nicht, oder nicht rechtzeitig, absagen. »Was wir machen, ist ja kein Kindergeburtstag, das ist hoher Anspruch und kostet ordentlich Geld. Leider fehlt oft die Wertschätzung.« Vorkasse mache Reservierungen verbindlich, »so können wir kalkulieren, planen und verschwenden keine hochwertigen Produkte«.

Die Konzepte der neuen jungen Kochgarde sind wirtschaftlich meist auf Kante genäht. Denn wie auch in der Sterne-Küche steht für sie die Produktqualität an erster Stelle. Anders aber als viele alteingesessene Köche üben sie sich in der Kunst des Weglassens. »Hier noch ein Chip, dort noch eine Kresse – das machen wir nicht mehr«, sagt Marcel Görke, der seinem Lokal den Namen »Heimatjuwel« gegeben hat. Er war jahrelang Souschef und später Küchenchef beim Zwei-Sterne-Koch Karlheinz Hauser auf dem Süllberg in Hamburgs Westen, nun kocht er ein paar Etagen tiefer im quicklebendigen Stadtteil Eimsbüttel. →

1

2

(1+2) Im »Heldenplatz« gibt es feinen Heilbutt mit gebratenem Blumenkohl in geradlinig-reduziertem Ambiente. Und das sogar bis zwei Uhr nachts

3

4

(3) Das beliebte »Philipps« im Karoviertel setzt auf zwanglose Atmosphäre. (4) Thomas Imbusch ist Kopf und Koch des »100/200« in Rothenburgsort

Heißes Eisen: Im »100/200« in Rothenburgsort dreht sich alles um den imposanten Ofen in der offenen Küche; gegessen wird, was auf den Herd kommt

Seine Philosophie: alles zu seiner (Jahres-)Zeit, möglichst viel aus der Region.

»Wir haben hier im Norden kleine Käsereien, Fisch, Fleisch und Gemüse in bester Qualität – das ist für mich Heimat. Warum also soll ich einen Thunfisch kaufen oder ein Wagyu-Rind?« Die Streifen vom Müritzaal mit pochiertem Demeter-Ei, Liebstöckel und eingelegten Blumenkohlröschen kommen so zart daher, dass die Frage beantwortet ist. Das Salzzitronen-Gel am geschmorten Ochsenschwanz und der Shiso-Sud am gebackenen Müritzbarsch brechen dann mit der heimatlichen Konvention.

»Weltoffenheit«, nennt Görke den Bruch, »das ist doch das Selbstverständnis Hamburgs: verwurzelt zu sein und gleichzeitig aufgeschlossen.« Nichts gegen eine ordentliche Crème brulée, aber Görkes drei Texturen Milch – Milchschaum, dehydrierte Milchhaut und Milchcrumble mit Preiselbeeren und Heueis – zeigen große Könnerschaft. Und wo isst der Koch Marcel Görke? »›Das Haerlin‹ und Kevin Fehlings ›Table‹ sollte man gemacht haben.« Mit dem Drei-Sterne-Koch Fehling hat Görke in Bremen zusammengearbeitet, gleichberechtigt, »damals auf demselben Posten«.

Fehlings Stilistik, »seine Anrichteweise, die Figürchen, Silikonförmchen, Kugeln, die kulinarischen Komponenten, die er zusammensetzt, das ist schon erstklassig«. Das Konzept, 22 Gäste an einem Tisch, hält Görke für zukunftsweisend, weil es den Fachkräftemangel kompensiere: »Du bekommst heute leichter einen guten Koch als eine erstklassige Servicekraft.« Und der Gast profitiere von der neuen Offenheit: »Er kann mit der Küche kommunizieren, das steigert den Erlebniswert.« Und es reduziert strukturelle Kosten.

Signalisieren Görkes behutsame Art und das spärliche Mobiliar die Konzentration aufs Wesentliche, die Komposition der Gerichte nämlich, so feiern Markus Hampp, seine Frau Julia und Sommelier André Jean-Marie Nini den Genuss. »Heldenplatz« haben sie ihr Restaurant an der Brandstwiete vis-à-vis der Speicherstadt getauft. An den Wänden hängen Bilder großer Helden – Pilot Chesley Sullenberger, der seinen Airbus mit 155 Passagieren 2009 auf dem Hudson notlandete,

1

2

(1+2) Das »Salt & Silver« auf St. Pauli versteht sich als Mix aus Bar, Restaurant und Experimentierküche. Spezialität: lateinamerikanische Drinks und Streetfood

Primatenforscherin Jane Goodall, Greenpeace-Aktivisten –, an den Tischen sitzen die Helden des Alltags. Ganz normale Menschen, die ihr Leben meistern. So jedenfalls wollen die drei den Namen verstanden wissen.

Auch der »Heldenplatz« wird mit kleinstmöglicher Crew gesteuert: Zu den drei Chefs gesellen sich eine Bedienung, ein zweiter Koch und ein Küchenlehrling. Das war's auch schon und ist umso erstaunlicher, weil die Küche zwischen 18 Uhr und zwei Uhr nachts arbeitet. Kulinarische Highlights nach Mitternacht – dieses Konzept ist in Hamburg einmalig. Wer partout zu später Stunde noch Entenleber-Terrine mit Leber-Eis, Brioche und Brombeere genießen, sich an Garnele und Jakobsmuschel auf feinstem Buchweizenspiegel und Krustentierschaum laben möchte – voilà, hier geht's.

15 Minuten dauert der Fußweg etwa von der Elbphilharmonie. Die Kunstsinnigen hat die »Heldenplatz«-Crew im Blick, die Musical-Fans, die von der Elbe kommen und sonstige nächtliche Schwärmer. »Viele Veranstaltungen beginnen um 18 Uhr, die Besucher gehen dann lieber anschließend essen«, sagt der Küchenchef. Seit 13 Jahren arbeitet Hampp, der beim Käfer in München gelernt hat, in Hamburg. »Lange Zeit ist hier nichts passiert, aber in den vergangenen vier, fünf Jahren geht es ordentlich ab. Die Gastronomie erkennt, welche Chancen die Internationalität der Stadt bietet.«

Mitten auf St. Pauli, Clemens-Schultz-Straße, Ecke Rendsburger Straße, drei Querstraßen hinter der Reeperbahn, experimentiert Björn Juhnke mit Austern. Wobei das Experiment keine Frage der kulinarischen Stilistik ist, sondern eher eine der Belastbarkeit: Wie viel Chichi verträgt das Quartier? Die Frage ist natürlich »blödsinnig«, sagt Juhnke, »was bitte ist an der Sylter Royal denn schickimicki? Ein hervorragendes regionales Produkt eines mittelständischen deutschen Unternehmens – und das soll nicht korrekt sein?« Allen, die sich anfangs echauffiert haben, hielt Juhnke entgegen: »Lieber Rind aus Uruguay, das 8000 Kilometer unterwegs war? Oder Pizza Frutti di Mare mit Meeresfrüchten aus Bangladesch?«

Kommen wir also runter – und hinein ins herrlich unkomplizierte, wohltemperierte »HaCo«, kurz für »Hamburg Corner«. In der einstigen Fußballkneipe der FC-St.-Pauli-Anhänger hat Juhnke mit seinem siebenköpfigen Team dem kulinarischen Norden eine Heimstatt gegeben: »Island, Skandinavien, Nord- und Ostsee, der Hamburger Speckgürtel – das ist unsere Range. Hier bedienen wir uns; ich will schließlich wissen, wo meine Produkte herkommen, und ich will nordisch kochen, das ist meine Heimat.«

Also Rotkohl statt Risotto. Aber was für einer! Als hauchdünner Krautsalat auf geröstetem Apfelpüree mit geröstetem Griebenschmalz. Das ist die eine Tellerhälfte. Auf der anderen: Rotkohl als Granité, erst entsaftet, im Gewürzsud gekocht, eingefroren, um dann buchstäblich aufgekratzt und mit eingelegten Schalotten versehen in neuer Rolle zu brillieren. Das Schwierigste, sagt Juhnke, sei die Suche nach den richtigen, den kleinen, erstklassig arbeitenden Produzenten. Juhnkes Kabeljau muss freiwillig aus dem Nordmeer die Elbe hinauf geschwommen sein, so frisch schmeckt er. Kurz eingesalzen, scharf angebraten, gehobelte Haselnüsse darüber, dazu ein Püree von kandierter Aubergine. Mehr wäre jetzt weniger.

Gastronomie, sagt Juhnke, sei ein Kulturgut. »Wir schlachten und töten Tiere, wir verarbeiten erstklassige Lebensmittel, wir bereiten das Restaurant vor, polieren und kreieren, wir bieten eine Performance, das alles hat einen kulturellen Hintergrund; wie auch jeder Theaterbesuch, bei dem ich vorab zahle. Die Deutschen müssen verstehen, dass eine Buchung eine verbindliche Zusage ist. Daran hapert es noch.«

Und wer nun nicht nordisch essen, sich partout nicht überraschen lassen möchte vom Überraschungsmenü, wer beispielsweise schon um 17 Uhr Lust auf eine Original-Portion Spaghetti Carbonara hat? Der gehe in »Philipps Restaurant«, zum jungen und unbekümmerten Philipp Johann. Im Karoviertel, unweit von Messe und Schlachthof, tischt der 35-Jährige in seinem verwinkelten Souterrain-Lokal auf, was mit einem Universalwort bestens beschrieben ist: superlecker. »Ja, bei mir gibt es Klassiker, das Wiener Schnitzel, die Tomatensuppe, nur mache ich sie eben geil!«

Johann, der Hotelfach gelernt hat, dann Koch, dann Küchenmeister, der dann in Sterne-Restaurants arbeitete, profitiert heute von der harten Schule seiner Lehrjahre: »Morgens Hotel-Zimmer machen, nachmittags Waschküche, abends im Restaurant-Service, das prägt und hilft.« Die Sitzbänke seines Lokals hat er »selbst bezogen und den Stoff getackert«, die Wände gestrichen. Bisweilen laufe er mit dem Farbeimer durchs Restaurant. »Und wenn die Toilette verstopft ist, ja, dann mach ich's halt selbst.«

So kalkulierend, könne er eben bei den Produkten »ins obere Preisregal langen wie die Sterne-Köche in Hamburg auch«. Der Unterschied: Seine Portionen sind größer. Das Filet vom Angus-Rind hat 180 bis 200 Gramm, »und wem das nicht reicht, der kriegt einen Nachschlag. Hier geht keiner hungrig raus«.

Die schönsten Momente erlebt Philipp Johann, wenn an ein und demselben Tisch Carbonara, Praline vom Kalbskopf, Wiener Schnitzel und Steinbutt mit Hummerschaum geordert werden. »Dann weiß ich, dass mein Konzept aufgeht: Essen soll Spaß machen, und jeder soll essen, wozu er Lust hat.« ◐

Die besten Adressen für Genießer

Mit oder ohne Stern, Klassiker oder Neuling – in diesen Restaurants werden selbst verwöhnte Gaumen überrascht. Für die meisten Läden gilt allerdings: lieber reservieren!

Kunstwerk aus Süßholzwurzelschaum und Pfefferkrokant im »Piment«

DIE LEUCHTTÜRME

The Table

Kevin Fehlings mit drei Michelin-Sternen dekorierte Menüs sind Weltklasse! Zum Beispiel die roh marinierte Carabinero-Riesengarnele mit gefrorenem Limonenstaub, Seeigelcreme und Kokos. Nur 20 Gäste passen an den geschwungenen Tisch, der dem Restaurant seinen Namen gab. Heißt: schon Monate im Voraus reservieren.
Hafencity, thetable-hamburg.de

Louis C. Jacob

Thomas Martin hat das »Esszimmer« der feinen hanseatischen Gesellschaft entstaubt. Jetzt wirkt es lichter, leichter, entspannter. Geblieben sind die beiden Sterne und Martins Anspruch: »Einfachheit auf höchstem Niveau.«
Nienstedten, hotel-jacob.de

Haerlin

An den Wänden chinesische Seidentapeten, auf dem Teller Island-Kabeljau mit Safran: Eleganz und Weltläufigkeit bestimmen Küche und Ambiente im Gourmetrestaurant des Hotels »Vier Jahreszeiten«. Der mit zwei Sternen dekorierte Koch Christoph Rüffer spielt gekonnt mit Aromen und Texturen, paart Ostseeaal mit Anisbaiser und Rindertatar mit grünem Wacholder.
An der Binnenalster, restaurant-haerlin.de

Seven Seas

»Erhabene Gemütlichkeit« verspricht Maître Karlheinz Hauser in seinem Zwei-Sterne-Restaurant auf dem Süllberg. Das klingt vielleicht behäbig, die Küche ist es aber beileibe nicht: Hauser und sein Küchenchef Axel Krause vermählen etwa bretonischen Hummer mit Thailands Suppenklassiker Tom Kha Gai.
Blankenese, karlheinzhauser.de

DIE KLASSIKER

Fischereihafen Restaurant

Die Institution am Elbufer ist in die Jahre gekommen, aber vielleicht macht das gerade den Reiz dieses hanseatischen Familienbetriebs aus. Auch Dirk Kowalke hält seit gut 20 Jahren die hohe Qualität des Fischrestaurants, die sein Vater Rüdiger einst etablierte.
Altona, fischereihafenrestaurant.de

Piment

Orientiert an französischer Küchenklassik bringt der Marokkaner Wahabi Nouri Produkte seiner Heimat zum Glänzen und vereint Datteln, Couscous oder Orangenschaum mit Fjordlachs, Ente oder Kalbsschulter.
Hoheluft, restaurant-piment.de

Landhaus Scherrer

Gediegen das Ambiente, klassisch-nordisch die Küche des Urgesteins Heinz Wehmann. Seine »krosse Vierländer Ente mit Rotkohl, Kronsbeeren und Bio-Bergpfeffer-Soße« ist das, was heute »Signature Dish« genannt wird: unverwechselbar Wehmann.
Ottensen, landhaus-scherer.de

Im »Fischereihafen Restaurant« genießen die Gäste zu Scholle oder Aal besten Elbblick

Nil

Das gemütliche Lokal zwischen Schanzenviertel und St. Pauli leistete Pionierarbeit an der Bistroküchen-Front. Bis heute kann man hier noch immer zwanglos und hervorragend essen – das gilt besonders für den gebratenen Pulpo mit Safranrisotto.
St. Pauli, restaurant-nil.de

Restaurant Marseille

Der französische Name gibt der Küche die Richtung vor, ohne allzu dogmatisch zu wirken. So gibt es die Bouillabaisse in einer klassischen und einer lokalen Variante, die Blutwurst hüllt sich in Blätterteig, die Burrata in Haselnuss-Vinaigrette. »Kulinarische Demokratur« heißt das bei Gastronom Milenko Gavrilovic. *Délicieux*.
Altona, restaurant-marseille.de

Le Canard Nouveau

2019 feiert das Feinschmeckerrestaurant an der Elbchaussee seinen 30. Geburtstag – und einen Neustart: Nach einem Brand wird das Team im April seine sanierten Räume wieder eröffnen. Ab dann, so der ehrgeizige Plan, soll es in der neuen Küche möglichst schnell zu alter Form und Ehre zurückgehen: Einen Michelin-Stern gilt es wieder zu erobern, den das »Le Canard Noveau« mit seinem puristischen Stil seit 1989 innehatte.
Ottensen, lecanard-hamburg.de

JUNGE MILDE

Heimatjuwel

Noch strickt Marcel Görke an seinem Netzwerk kleiner, lokaler Produzenten. Ein großer Teil seiner Zutaten kommt aber schon jetzt aus der Umgebung. Und dass er sein Handwerk exzellent beherrscht, beweisen die vegetarische Wirsingroulade in Pilz-Dashi oder der Havelländer Schweinebauch.
Eimsbüttel, heimatjuwel.de

Philipps Restaurant
Eine ambitionierte, aber völlig uneitle Küche, die ebenso Thunfischtatar mit Rauchschaum im Repertoire hat wie das klassische Wiener Schnitzel. Wer einmal hier war, kommt wieder. Garantiert!
Karoviertel, philipps-restaurant.de

Jellyfish
Mit dem jungen Stefan Barnhusen gibt es nun wieder einen neuen Koch. Das Essen ist unverändert große Klasse. Verarbeitet werden ausschließlich Wildfang-Produkte. Wer Fisch und Seafood nicht mag, ist hier definitiv falsch: Das Sieben-Gänge-Menü verzeichnet sechsmal Meeresgetier.
Eimsbüttel, jellyfish-restaurant.de

Trüffelschwein
Kirill Kinfelt setzt im feinen Winterhude konsequent auf Trüffel: mit Entenleber, Fjordforelle, Kaisergranat oder geschmorter Backe vom Iberico-Schwein. Nur das »puristische Menü« bleibt in sechs Gängen trüffelfrei.
Winterhude, trueffelschwein-restaurant.de

JUNGE WILDE

100/200 Kitchen
Acht Gänge, zwei Produkte: So lautet vereinfacht die Philosophie des ehemaligen Küchenchefs der »Bullerei« Thomas Imbusch. Denn für ihn bestimmt das Verfügbare das Menü.
Rothenburgsort, 100200.kitchen

Haebel
»Nordic-french« nennt der gebürtige Freiburger Fabio Haebel seine Küche. Jeden Monat gibt es ein neues Menü, für das er gekonnt zusammenführt, was die Saison gerade hergibt: Schellfisch, Wachtel, Malzbier und Rotkohl, Trüffel, Ente und Fichte.
St. Pauli, haebel.hamburg

HaCo
Klingt asiatisch, steht aber schlicht für »Hamburg Corner«. Auch sonst schlägt Björn Juhnke in seinem Restaurant konsequent nordische Töne an. Zum Beispiel, indem er den guten alten Rotkohl mehrfach variiert und in höchste Höhen hebt.
St. Pauli, restaurant-haco.com

SZENE

Restaurant Heldenplatz
»Kulinarisches bis weit nach Mitternacht« lautet das Motto dieses charmanten Restaurants an der Speicherstadt. Wildfanggarnele mit Linsen und Tikka Masala, Steckrübe süßsauer mit Vogelbeeren, aber auch Käsespätzle oder Risotto – Küchenchef Markus Hampp macht alles zum himmlischen Vergnügen.
Altstadt, heldenplatz-restaurant.de

Basil & Mars
Coole Atmosphäre vor offener Küche, die sich international und modern nennt: Es gibt Rotschwanzgarnelen und Poké Bowls, Bauernente und Lammhaxe »maghrébin«.
Rotherbaum, basilundmars.com

Die gute Botschaft
»Hamburger Understatement und Japans Kulinarik« – so beschreibt TV-Koch Tim Mälzer die Ausrichtung seines jüngsten Restaurants. Experimentierfreudige sollten das fünfgängige »Omakase«-Menü bestellen – was so viel heißt wie: Der Koch entscheidet.
Rotherbaum, dgb.hamburg

Salt & Silver
Links »Streetfoodbar« mit Tacos und Ceviche, rechts Restaurant, wo die Weltenbummler Johannes Riffelmacher und Thomas Kosikowski lateinamerikanische Gerichte zum Teilen auf den Tisch bringen. Lecker ist es auf beiden Seiten.
St. Pauli, saltandsilver.net

SCHLEMMEN, ENTDECKEN, SPAREN

Eat the World
Eine Süßwarenmanufaktur in Ottensen besuchen, in einer kleinen Blankeneser Rösterei Kaffee trinken, ein Törtchen in einem französischen Café in Eimsbüttel genießen: Bei den kulturell-kulinarischen Stadtrundgängen von »Eat the World« lernen Gäste Hamburgs schönste Stadtviertel kennen und kehren in besonderen Restaurants, Cafés oder Läden ein, wo es Leckereien zu verkosten gibt. Elf verschiedene Rundgänge werden in Hamburg angeboten, ab 33 Euro pro Person.
eat-the-world.com

»essen & trinken« – Gutscheinbuch für Hamburg 2019
Die Hamburger Lieblingsrestaurants der »essen & trinken«-Redaktion zum Vorzugspreis besuchen: Mit dem Gutscheinbuch für 29,90 Euro können Sie in 13 Restaurants zu zweit essen; einer der Hauptgänge geht aufs Haus (bis max. 40 Euro). »Basil & Mars« ist ebenso dabei wie das »Haebel«, »Heldenplatz« oder »Heimatjuwel«. Und keine Eile: Die Gutscheine sind bis März 2020 gültig.
essen-und-trinken.de

NIKKEI NINE
Die Küchenchefs Ben Dayag und Yuki Hamasaki zaubern japanisch-südamerikanisch im Hotel »Vier Jahreszeiten«: Ceviche vom Streifenbarsch zum Beispiel und natürlich Sushi in höchster Vollendung. Das hat allerdings seinen Preis. Deutlich erschwinglicher ist das Lunch-Menü.
An der Binnenalster, nikkei-nine.de

INTERVIEW

»Pass mal auf!«

... sagt »Dittsche« gern – **Olli Dittrichs** wohl berühmteste Figur. Ein Gespräch mit dem Hamburger Schauspieler und Komiker über hanseatischen Humor, Dittsches Geburt und Vintage-Bademäntel

Herr Dittrich, das Wichtigste zuerst: Sie sind Fan des HSV. Warum nicht von St. Pauli? So eine Entscheidung ist reine Gefühlssache. Ich bin ein Kind der 1960er-Jahre, und mein großer Held war Uwe Seeler, der überragende Fußballer seiner Zeit. Uwe Seeler spielte beim HSV, also wurde ich HSV-Fan.

Der HSV steht momentan ganz oben in der Tabelle. Was freut Sie mehr: der erste Platz in der zweiten Bundesliga oder eine gewonnene Relegation in der ersten? Natürlich wollen wir alle den HSV in der ersten Liga sehen, er ist und bleibt ein Erstligaverein. Aber für mich als Fan war nach all den Jahren Abstiegskampf diese erholsame Phase nötig. Man merkt auch im Stadion, dass die Zuschauer wieder mehr Spaß haben.

Sitzen Sie in der Loge, oder stehen Sie in der Nordkurve? Weder noch. Ich will gar nicht in die VIP-Lounge, ich gehe ja nicht zum Essen ins Stadion! Ich zahle meine Dauerkarte selbst, sitze auch bei Schnee und Kälte auf der Osttribüne und zittere um den Sieg.

Ist das die Welt des kleinen Mannes, die Sie so sehr mögen, wie Sie in einem anderen Interview gesagt haben? Vielleicht. Ich mag Leute, die mit beiden Beinen auf dem Boden stehen – Menschen, die im besten Sinne einfach, fleißig und diszipliniert sind. Menschen, die Freundschaften und soziale Bindungen wertschätzen. Menschen, die versuchen, halbwegs die Tassen im Schrank zu halten und gute Dinge zu tun.

Gibt es einen typischen Hamburger? Für mich ist das der Hanseat. Er ist klar, direkt, aber nie verletzend, er fällt nicht mit der Tür ins Haus und hat nicht so viel vom rheinischen Frohsinn ...

Der Hanseat geht zum Lachen in den Keller? Nein, das nicht. Ich trete vor hanseatischem Publikum auf und weiß: Hanseaten sind zunächst zurückhaltend, aber wenn man sie einmal erobert hat, sind sie enorm begeisterungsfähig.

Olli Dittrich

Der vierfache Grimme-Preisträger, geboren 1956, beschreibt sich selbst als **MENSCHENDARSTELLER**. Zu seinen größten Erfolgen zählen das Format »Blind Date« mit Anke Engelke, die Band »Texas Lightning« – und sein »Dittsche« (Foto), dessen neue Staffel ab dem 19. Mai 2019, sonntags um 23.15 Uhr, live im WDR zu sehen ist. Und Ende des Jahres geht »Dittsche« auf Tour. Tickets: *kj.de*

Begeistern Sie sich auch für Hamburg? Absolut! Mein Herz schlägt für diese Stadt. Ich kann mir nicht vorstellen, irgendwo anders zu leben. Wenn ich den Ballindamm entlanggehe oder über die Lombardsbrücke fahre und auf die Alster gucke, dann erfüllt es mich immer mit Glück, dass ich hier lebe.

Sie sind in den 1960er-Jahren im Stadtteil Langenhorn aufgewachsen. Wie war das Hamburg Ihrer Kindheit? Wir wohnten Am Ohlmoorgraben, wo sich rotgeklinkerte Mehrfamilienhäuser aneinanderreihten und in der keine Autos fahren durften. Und im Hinterhof habe ich mit den Nachbarsjungen Fußball gespielt.

Wie hat sich Hamburg verändert? Ich finde gigantisch, was in der Hafencity passiert. Jedes Mal, wenn ich dort bin, bin ich wieder fasziniert, was dort entsteht. Ich mag den Stil, diese Kombination aus moderner, fast amerikanischer Architektur und der alten Speicherstadt. Ich war dort vor Kurzem mit meinem Sohn in der Astor-Lounge – ein sogenanntes Premium-Kino. Das war wirklich ein Ereignis, ein Kinoerlebnis wie früher. Fantastisch!

Gibt es auch etwas, das Ihnen gegen den Strich geht? Die Mietenexplosion!

Ich lebe seit fast 20 Jahren in Eppendorf. Hier werden teilweise Mieten von 25 Euro pro Quadratmeter genommen. Das verändert die soziale Ausgewogenheit enorm. Es gibt schon noch alteingesessene Eppendorfer, aber der Stadtteil verändert sich. Ich wundere mich jeden Tag wieder, wie viele Waxing-Studios wir mittlerweile in der Eppendorfer Landstraße haben.

In Eppendorf ist auch Ihre wohl berühmteste Figur zu Hause: Dittsche – Arbeitsloser, Pommesbuden-Philosoph, Bademantelträger. Die Sendung, in der die komplette Handlung live improvisiert wird, läuft seit 2004 im WDR Fernsehen. Zum ersten Mal als Dittsche eine Bühne betreten habe ich aber 1991 im »Quatsch Comedy Club«. Thomas Hermanns hatte damals die Idee zum ersten Stand-up-Comedy-Club in Deutschland. Wigald Boning machte uns miteinander bekannt, und ich habe sehr schnell gesagt: »Gut, ich bin dabei!« Allerdings habe ich erst danach überlegt, was ich überhaupt machen will – und da erinnerte ich mich an Dittsche.

Die Figur existierte schon? Ja, aber sie war nur eine Stimme auf meinem Anrufbeantworter. Ich habe damals Hörspiele für Freunde aufgenommen, um die zu hören, konnten sie bei mir anrufen. Irgendwann riefen viel zu viele an, und es wurde mir zu aufwendig, ständig neue Hörspiele aufzunehmen. Da habe ich nur noch einen Typen erzählen lassen: »Pass mal auf, ich bin gerade nicht da. Aber wartet mal eben, ich hab noch 'nen Tipp für euch: Heute, Wandsbek Kaufhalle, da könnt ihr das und das kaufen.« Das war Dittsche.

Und der musste nun vom Band auf die Bühne. Jetzt war die Frage: Wie sieht er aus? Bei meinem WG-Kumpel fand ich einen blau gestreiften Bademantel im Schrank, und mir fiel dieser Mann ein, den ich in einem Sommer auf der Straße gesehen hatte: Er schlurfte aus seinem Haus und kaufte ein Eis – in T-Shirt, Jogginghose und Bademantel. Textideen hatte ich genug, damit ich nichts vergesse, habe ich mir ein paar Stichworte aufgeschrieben und sie in eine Plastiktüte gesteckt. Damit die auf der Bühne nicht zusammenfällt, habe ich ein paar Bierflaschen reingelegt. So kam es zu der Aldi-Tüte, die Dittsche mit sich herumträgt.

Tragen Sie immer noch den gleichen Bademantel? Ja, in der Tat – und er war damals schon Vintage.

Ist Dittsche Ihnen ein Stück näher als andere Figuren wie Trixie Dörfel, Mike Hansen oder Schorsch Aigner? Es gibt sicher Figuren, die mir nicht so nah sind. Sich trotzdem in sie hineinzufühlen, ist aber gerade das Spannende an meinem Beruf. Bei Dittsche ist die Nähe sicherlich am größten. Vieles, was seiner Empörung entspricht, entspricht zum Beispiel auch meiner Empörung, aber seine ist natürlich übersteigert.

Was würde Dittsche über Olli Dittrich sagen? *(schmunzelt und überlegt)* Vielleicht: »Was will der denn hier?« Vielleicht würde er aber auch wie ein scheues Kind gar nichts sagen. Das tut er manchmal, wenn er jemanden nicht kennt. Dittsche ist ein Schaumschläger, der alles besser weiß, aber er weiß auch, dass er ein Loser ist. Es ist seine Überlebensstrategie: Je größer die Klappe, desto geringer die Angriffsfläche.

Es klingt so, als hätten Sie ihn wirklich gern. Ich sympathisiere sehr mit solchen gescheiterten Existenzen. Ich bin jeden Tag dankbar für das Leben, das ich führen kann. Aber es wurde mir auch nichts geschenkt, ich habe mir diese Möglichkeiten, die ich heute habe – Filme zu drehen, Menschen darzustellen, zu improvisieren – hart erarbeitet.

Sie hatten selbst eine Phase, in der Sie am Existenzminimum lebten. Ja, in den 1980er-Jahren. Ich hatte in einer Plattenfirma als Produktmanager gearbeitet, konnte dort mein kreatives Potenzial aber nicht entfalten. Also habe ich mich nach einer längeren Phase der Entscheidungsfindung entschlossen, meinen eigenen Weg zu gehen.

Inzwischen haben Sie knapp 250 Folgen »Dittsche« hinter sich. Ende Mai startet die nächste Staffel im WDR Fernsehen. Wird die Figur gar nicht langweilig? Überhaupt nicht! Das Leben ist ja auch nicht langweilig. Diese Woche bewegen uns Donald Trump oder der HSV, nächste Woche die Merkel oder die Nachbarn. Zur Vorbereitung auf die Sendung stöbere ich vor allem durch die Boulevardzeitungen. Die kleinen Meldungen sind meist die großen, weil die in Dittsches Augen richtig wichtig sind.

Ende des Jahres tourt »Dittsche« durch 18 deutsche Städte. Was wird da passieren? Auf der Bühne stehen ein Mikrofonständer und ein Mikrofon, angeleuchtet von nur einem Spot. Und dann kommt einer im Bademantel raus und sagt: »Pass mal auf!« Und dann erzählt er aus seiner kleinen Welt.

INTERVIEW: MARGITTA SCHULZE LOHOFF

wilden,

Idyllen in der Großstadt: Stille liegt über dem Naturschutzgebiet Wittmoor. Im Duvenstedter Brook dagegen röhren im Herbst die Rothirsche. Obwohl …

Wo die Hirsche röhren

Hamburg zählt zu den zehn grünsten Metropolen weltweit. Und will noch mehr Wälder, Wiesen und Moore schützen lassen. Aber der Natur einfach ihren Lauf lassen? Klappt nicht, sagt Ranger Jörg Hartmann. Ortstermin im Naturschutzgebiet Duvenstedter Brook

TEXT **Oliver Fischer** FOTOS **Imke Lass**

Je mehr Geweih desto Boss

… dieses ausgestopfte Exemplar im NABU-Infozentrum BrookHus nur noch vom Band brüllt. Im Duvenstedter Brook gibt es gut 100 lebendige Rothirsche

Der Teichfrosch liebt Uferzonen von stehenden Gewässern; genau wie das silbrig gefiederte Rohrglanzgras. Der Waldkauz wiederum mag – Frösche

Fernglas und Messer gehören zur Grundausstattung von Jörg Hartmann (l. u. r.), der seit gut 20 Jahren Ranger in Hamburg ist. Häufig gesichtet: der Kormoran

Im Duvenstedter Brook: Hier wuchert die Kanadische Goldrute; Birken und Gräser säumen die Wege. Und der Sonnentau (r.) reckt seine Tentakel nach Insekten

UND PLÖTZLICH stehen sie da, wie herbeigeschwebt: sieben Hirsche auf einer eben noch leeren Lichtung, keine 20 Meter von uns entfernt. Sehr junge Tiere, ohne Geweihe, auf den Köpfen nur rührend kleine, spitze Hörner. Sie rupfen Gras, die Schwänze schleudern wie kleine Propeller, ihr hellbraunes Fell schimmert in der Herbstsonne wie Samt.

Eine halbe Stunde zuvor hatte ich mich noch in meinem Auto auf sechsspurigen Ausfallstraßen durch Hamburgs dichten Verkehr geschoben. Jetzt stehe ich in der Stille des Duvenstedter Brook, eines Naturschutzgebiets im äußersten Nordosten von Hamburg, und bin bezaubert von den zarten Tieren, die arglos vor mir grasen. 30, 40 Sekunden – dann hebt einer der Hirsche den Kopf und stellt die Ohren spitz. »Jetzt kriegen sie Schiss«, sagt neben mir Jörg Hartmann, der Ranger des Gebiets. Und tatsächlich: Ein paar Sprünge, und die Herde ist verschwunden. Als hätte man sie mit einer einzigen Handbewegung von einer Tafel gewischt.

Zwischen Erlen und Birken laufen wir langsam zurück zum Hauptweg, wo Jörg Hartmanns förstergrüner Pick-up steht. Seit mehr als 20 Jahren arbeitet er im Duvenstedter Brook und sechs weiteren Naturschutzgebieten als Ranger. Oder, wie ihn sein Arbeitgeber, die Hamburger Umweltbehörde, nennt, als »Naturschutzwart«. Hartmann ist 48, trägt Cargohose und eine Art Westernhut – ein Brocken von einem Mann, aber viel sensibler, als man im ersten Moment denkt: Wenn er einen Baum fällen muss, spürt er manchmal das Bedürfnis, sich zu entschuldigen, wird er später erzählen. Einige seiner Aufgaben als Ranger: verschlammte Teiche freischaufeln, Insektenhotels bauen, Sitzbänke reparieren. Und immer wieder Besucher darauf hinweisen, dass sie im Duvenstedter Brook keine Hunde ausführen dürfen, auch nicht an der Leine. Und weil ihm wichtig ist, dass die Leute verstehen, warum sie etwas nicht tun sollen, erklärt er ihnen dann oft, dass Hunde die Hermeline verscheuchen, die in Baumhöhlen am Wegesrand leben.

Wir steigen in seinen Wagen und fahren über den ungepflasterten Hauptweg durch sein Revier. Mit 780 Hektar ist der Duvenstedter Brook doppelt so groß wie der New Yorker Central Park. Birken wachsen aus tiefgrünen Farnbüscheln. Dann eine weite Wiese, die Ähren des Grases glitzern silbrig in der Sonne. Ein Specht hämmert auf einen moosigen

Das letzte Hochmoor im Norden der Stadt: das Wittmoor. Bis vor 60 Jahren wurde hier Torf gewonnen, seit 1978 regeneriert sich das geschützte Feuchtgebiet wieder

Ast am Boden, so heftig, dass Späne fliegen. Ein wenig später huscht 100 Meter vor uns ein Reh über den Weg. Ich wohne seit 25 Jahren in Hamburg, habe aber nicht gewusst, dass man in Deutschlands zweitgrößter Stadt solch grandiose Wildnis erleben kann.

Wobei »Wildnis« – da muss Jörg Hartmann korrigieren: »Die gibt's in Deutschland kaum. Fast jede Fläche im Land ist schon vom Menschen angefasst worden.« Auch der Duvenstedter Brook: Über Jahrhunderte haben Bauern hier Wälder gerodet, Wiesen und Weiden angelegt und in den Mooren Torf abgebaut. Aber gerade diese menschlichen Eingriffe haben dazu beigetragen, dass heute im Brook – was auf Plattdeutsch so viel wie »sumpfige Niederung« bedeutet – mehr als 600 verschiedene Pflanzenarten wachsen können. Besonders die oft noch aus dem Mittelalter stammenden Wiesen mit ihren feuchten Böden sind zu ökologischen Nischen für seltene Gewächse geworden.

Zum Beispiel die Kirchenblickwiese, an der wir nun halten. »Sie ist eine der artenreichsten Wiesen in Norddeutschland.« Hartmann zählt Pflanzennamen auf, die klingen wie von einem dadaistischen Lyriker erfunden: Kuckuckslichtnelke, Engelwurz, Kohldistel, dazu die Kümmelblättrige Silge, die in Hamburg fast ausgestorben ist. Auf den Grashalmen kriecht eine weitere bedrohte Art: die Bauchige Windelschnecke, mit zwei Millimetern nicht größer als ein Babyfingernagel. Und trotzdem eine anspruchsvolle Persönlichkeit. Sie mag nur Böden, die feucht, luftig und sonnig, aber nicht zu sauer sind. Außer in Hamburg findet sie die nur noch an ganz wenigen Orten Europas.

Biotope wie die Kirchenblickwiese wurden von Menschen geschaffen, und Menschen müssen sie erhalten. Zweimal im Jahr mäht Hartmann mit seinen Kollegen vom Forstamt daher das Gelände. Sonst würde das alte Gras wie ein dicker Teppich auf dem Boden lasten und weder Licht noch Wärme durchlassen, die die Pflanzen zum Blühen brauchen. Die Mahd bleibt danach einige Tage liegen, damit Windelschnecken genug Zeit haben, von den abgeschnittenen Halmen herunterzuklettern. Die Natur sich selbst zu überlassen, das funktioniere nicht, sagt Hartmann. »Wenn wir hier nichts tun, ist in ein paar Jahrzehnten alles Wald.« Bäume würden auf den Wiesen wuchern, Kuckuckslichtnelken und Windelschnecken verschwinden. Naturschutz heißt daher für Hartmann und seine drei Hamburger Ranger-Kollegen oft: die Natur vor sich selbst zu schützen. →

Hamburg zählt derzeit 34 Naturschutzgebiete, die sich über fast zehn Prozent der Stadtfläche erstrecken – 7091 Hektar, fast so groß wie 10 000 Fußballfelder. Damit nimmt Hamburg einen Spitzenplatz ein: Kein anderes Bundesland hat anteilig so viel Grund unter Schutz gestellt. In Berlin etwa sind es nur drei Prozent, in Bremen 8,5 Prozent. Auch seine Vielfalt macht Hamburgs Grün besonders: Etwa in der Boberger Niederung im Osten der Stadt, mit ihrer hohen Düne, die der Wind im Urstromtal der Elbe vor Jahrtausenden aufgetürmt hat; seltene Grabwespen buddeln ihre Bruthöhlen in den Sand. Oder im Heukenlock am Ufer der Elbinsel Wilhelmsburg: ein Tiedeauenwald mit Silberweiden, Erlen und Pappeln, durch den sich Priele ziehen – idealer Lebensraum für den bis zu zwei Meter hohen Schierlingswasserfenchel, der weltweit nur zwischen Hamburg und Geesthacht wächst. Im Eppendorfer Moor, fast direkt am Flughafen, schwirren Eisvögel und Habichte, in den Kirchwerder Wiesen quaken Moorfrösche, im Süßwasserwatt des Schweenssands in Harburg haben Jungfische ihre Kinderstube.

Rechnet man zu den Hamburger Naturschutzgebieten noch Parks, Wälder, Äcker und Weiden hinzu, ist die Hälfte der Stadt Grünfläche. Eine Studie hat vor Kurzem ermittelt, dass Hamburg zu den zehn grünsten Metropolen weltweit gehört. Und der ökologische Ausbau geht weiter: Die Umweltbehörde bereitet gerade zwei weitere Naturschutzgebiete vor, die Areale Duvenwischen und Diekbek, beide im Nordosten. Außerdem hat die Stadt das 22 Millionen Euro teure Großprojekt »Natürlich Hamburg!« gestartet: In den nächsten zwölf Jahren will sie in Parks und an Ausfallstraßen viele kleine ökologische Inseln schaffen, etwa durch Wildblumenwiesen oder das Liegenlassen umgestürzter Bäume. So sollen auch außerhalb von Naturschutzgebieten gefährdete Pflanzen- und Tierarten überleben.

Ein Naturparadies ist Hamburg dennoch nicht. Wahrscheinlich im Frühjahr 2019 beginnen Bagger zum neunten Mal, die Elbe zu vertiefen. Und der Senat hat ein großes Wohnungsbauprogramm beschlossen: Allein in Oberbillwerder im Osten sollen für eine Großsiedlung mehr als 100 Hektar Acker- und Weideland verschwinden – eine Fläche, die deutlich größer ist als die der beiden neu geplanten Naturschutzgebiete (siehe auch Seite 75). Inzwischen aber wehren sich viele Bürger gegen die Zubetonierung ihrer Stadt: Mehr als 20 000 Hamburger forderten 2018 bei einer Volksinitiative, den Anteil der Grünflächen mindestens auf dem aktuellen Stand zu halten.

Dass Hamburg eine wachsende Stadt ist, spürt auch Jörg Hartmann im Duvenstedter Brook. »Am Wochenende geht es hier inzwischen manchmal zu wie auf der Mönckebergstraße«, sagt er, während wir weiter im Pick-up durch sein Revier fahren. »Die Leute wollen raus aus der Stadt, dürsten nach Natur.« Hartmann ist selbst im rauen, lauten St. Pauli aufgewachsen, erzählt er, als Sohn eines Hochseefischers, der auf monatelangen Touren bis nach Island fuhr. Nach der Schule hat er Tischler gelernt, später als Haustechniker gearbeitet. Als er mit 28 nach einer Trennung auf der Suche nach Ruhe und einem Neuanfang war, bewarb er sich auf die Ranger-Stelle hier draußen. Handwerkliche Erfahrung ist bei dem Job gern gesehen. Und so zog er kurz darauf in seine neue Dienstwohnung, ein Holzhaus am Eingang des Brook, in dem er inzwischen mit Lebensgefährtin und Sohn lebt. Eine Ausbildung zum Natur- und Landschaftspfleger holte er später in Wochenendkursen nach.

Er biegt nach links in einen schmaleren Weg ab, bis er an einem weiten Grasland stoppt. In der Ferne ragt eine blassgrüne Kuppe auf – ein Schilfgürtel, hinter dem das Moor beginnt. Und dann hören wir von dort drüben lang gezogene Schreie, wie eine Mischung aus Jaulen und Rülpsen. Die Brunftrufe der Hirsche – ihr berühmtes Röhren, das ich bis jetzt nur aus Redensarten kannte. Es sind nicht die kleinen von vorhin, sondern ausgewachsene Zwölf- und Vierzehnender. Wie jeden Herbst sind sie aus den Wäldern um Bad Segeberg hierher in ihr angestammtes Paarungsgebiet gezogen, eine Strecke von etwa 40 Kilometern. Damit diese Sextouristen sich störungsfrei fortpflanzen können, haben Hartmanns Kollegen vom Forstamt in den vergangenen Wochen mehrere kleine Wege rund um das Brunftgebiet mit Holzbalken und Jägerzäunen abgesperrt. Menschen unerwünscht.

Dass Hirsche durch den Brook ziehen, ist ebenfalls Folge eines menschlichen Eingriffs: Karl Kaufmann, der nationalsozialistische Gauleiter Hamburgs, richtete sich Ende der 1930er-Jahre im Duvenstedter Brook ein Jagdgehege ein und siedelte dazu Hirsche aus Osteuropa an. Als nach dem Krieg die Gatter niedergerissen wurden, breiteten sich die Tiere im Hamburger Umland aus.

Wir laufen bis zu einer Heide, tauchen ein in die große Stille dieser typisch norddeutschen Landschaft. Wie hingetupft ziehen sich die Sträucher mit den rötlichen Blüten über die sandige Erde. Ein schwarzer Käfer mit blauen Flecken auf dem Rücken läuft hektisch davon, als er unsere Schritte spürt. Ein paar Zentimeter über dem Boden knüpft eine kleine Spinne unbeirrt an ihrem Netz.

Jörg Hartmann schaut ihr zu. Die 20 Jahre im Brook hätten ihn verändert, sagt Hartmann. »Ich bin hier draußen ruhiger geworden, habe gelernt zu warten.« Und er hat heute Verständnis für alles Lebendige, weil er täglich sieht, dass selbst die winzigste Pflanze nichts anderes sucht als ihren Platz in der Welt: einen Ort zum Wachsen, Blühen und Überleben. ◐

Dieses Kind ist
368 Jahre alt.
Hier umblättern.

Damwild auf Futtersuche im Duvenstedter Brook; wilde Brombeeren beim Schwarzwerden; Besenheide beim Aufblühen

AUF APP-WEGEN

Natürlich Hamburg!: Mit der gleichnamigen, kostenlosen App der Hamburger Umweltbehörde können Besucher die grünen Seiten der Stadt erkunden. Auf mehreren Routen wird man durch den Duvenstedter Brook, die Boberger Niederung und den Wohldorfer Wald geführt und lernt per Audioguide viel über das Leben von Kranichen, Eisvögeln und vielen anderen Tieren.

Erhältlich für iPhone und Android über den App Store

Das grüne Hamburg

Duvenstedter Brook

Neben Hirschen sind Kraniche die Stars im Revier von Ranger Jörg Hartmann: Jedes Frühjahr staksen sie auf den Wiesen des Brook umher und führen ein kunstvolles Balzballett auf. Sehr lohnenswert ist ein Spaziergang durch das wildromantische Professormoor, in dem Birken aus dem torfigen Boden wachsen (im Nordwesten des Gebiets; auf das Schild am Duvenstedter Triftweg achten).

Anfahrt: Vom U-Bahnhof Ohlstedt mit der Buslinie 276 zum Duvenstedter Triftweg, von dort ca. 20 Minuten zu Fuß den Triftweg hinauf

Boberger Niederung

Dünen, blendend hell wie in der Wüste, dazu Moor, Marsch und Heide: Kein anderes Hamburger Naturschutzgebiet ist so vielfältig wie diese Gegend im Osten der Stadt. Besonders sehenswert ist der 30 Meter hohe Geesthang, an dem Menschen durch Tonabbau große Terrassen geschaffen haben. Dank Südlage wachsen dort heute gefährdete Orchideen wie der Große Händelwurz. Zwischen Blumen flattern an Sommernachmittagen die seltenen Grünwidderchen und andere Schmetterlinge. Besucher können die verschiedenen Landschaften auf Themenwanderwegen erkunden; Wanderkarten verkauft das Boberger Dünenhaus *(loki-schmidt-stitung.de)*.

Anfahrt: Vom S-Bahnhof Mittlerer Landweg mit der Buslinie 221 bis Boberger Furtweg oder mit der Linie 330 bis Billwerder Kirche

Fischbeker Heide

Wer Mitte August in Hamburg ist, sollte dieses Naturschutzgebiet besuchen: Dann blüht auf dem weiten Hügelland im Süden der Stadt die Heide im allerschönsten Lila. Aber auch zu anderen Zeiten lohnt ein Spaziergang. Bei gutem Wetter kann man Zauneidechsen beim Sonnen und Jagen zuschauen oder die unterschiedlichen Spinnenarten zählen – seien Sie geduldig, es sind etwa 140. Am Infohaus (Wiedereröffnung am 1. Mai mit neuer Ausstellung) bricht in der warmen Jahreshälfte täglich so um 9 Uhr die Schäferin mit ihrer Heidschnuckenherde auf. Wer noch mehr Tiere sehen will, besucht den nahen Wildpark Schwarze Berge *(wildpark-schwarze-berge.de)* mit seinen Elchen, Wölfen und Waschbären.

Anfahrt: Vom S-Bahnhof Neugraben mit der Buslinie 250 bis zur Endhaltestelle Fischbeker Heideweg

Flottbektal

Hamburgs kleinstes Naturschutzgebiet liegt mitten im Jenischpark, einer großen Gartenanlage an einem Elbhang. Es erstreckt sich entlang des Flüsschens Flottbek, an dem nachts Fledermäuse nach Insekten jagen. Manchmal ist hier auch der seltene Eisvogel zu sehen. Auf keinen Fall verpassen sollte man die wunderschön knorrigen Eichen auf dem Gelände, in denen Waldkäuze und Buntspechte leben. Von der Natur zur Kultur sind es nur ein paar Schritte: In dem Park liegen auch Sehenswürdigkeiten wie das klassizistische Jenischhaus, das Ernst-Barlach- und das Eduard-Bargheer-Museum. In nur wenigen Minuten gelangt man von hier zu Fuß zum botanischen Garten *(bghamburg.de)*, in dem man unter anderem durch einen dichten Bambushain spaziert (siehe auch Seite 104).

Anfahrt: S-Bahnhof Klein Flottbek

Heuckenlock

Auf der Elbinsel Wilhelmsburg liegt einer der letzten Tideauenwälder Europas – eine dschungelartige Landschaft mit umgestürzten Bäumen und wucherndem Schilf, durchzogen von Prielen, in denen im Rhythmus der Gezeiten der Wasserspiegel steigt und sinkt. Im Uferschlick wächst Röhricht, dort verstecken sich Graureiher und lauern auf vorbeischwimmende Fische. Außerdem gedeihen hier Schierlingswasserfenchel und Wiebelschmielen – zwei Pflanzen, die man außer im Großraum Hamburg an keinem anderen Ort der Erde findet.

Anfahrt: Ab S-Bahnhof Wilhelmsburg mit dem Buslinie 351 bis Haltestelle Heuckenlock

Kaltehofe

Fast 100 Jahre lag auf dieser Insel nahe der Elbbrücken ein Wasserwerk. Heute ist das weite Gelände nicht nur Industrie-, sondern auch Naturdenkmal: Um die 22 ehemaligen Wasserfilterbecken mit ihren Pfeffermühlen-Türmchen haben sich viele seltene Pflanzen und Tiere angesiedelt, etwa Kuckuck, Nachtigall und Dorngrasmücke. Ein Naturerlebnispfad führt etwa zur Vogelbeobachtungsplattform; der Museumshop verleiht Ferngläser.

Hamburg-Mitte, wasserkunst-hamburg.de

Vogel-Safari

Hamburg liegt an einer der großen Zugvogel-Routen zwischen der Arktis und Afrika. Besonders in der Wedeler Marsch am westlichen Stadtrand rasten oder überwintern jedes Jahr Tausende Graugänse, Krickenten und Kampfläufer. Im Herbst bietet der NABU Hamburg Führungen zu den Vogelquartieren an, neben der Wedeler Marsch auch durch den Duvenstedter Brook. Wer weitere Vogelarten kennenlernen will: Unter dem Motto »Was singt denn da?« organisiert der NABU von März bis Juni Rundgänge, zum Beispiel durch Planten un Blomen, den Stadtpark und über den Ohlsdorfer Friedhof.

Termine unter hamburg.nabu.de

Mit deutschsprachigem R'n'B sogar in den USA erfolgreich: Sängerin Ace Tee, im »Mojo Club« auf der Reeperbahn

DIE SOUND MASCHINEN

Zwischen Reeperbahn, Schanze und Jenfeld finden junge Musikerinnen den Ton für ihren ganz eigenen Beat. Allen voran Ace Tee, Ilgen-Nur und Haiyti

TEXT **Steffi Hentschke**

JUST TRYING TO BE COOL

I go to sleep in the evening
And I wake up in the afternoon
And just because I'm twenty
Doesn't mean I know what to do

So cool singt nur sie über den Weltschmerz der Anfang 20-Jährigen: Ilgen-Nur macht englischsprachigen Indie-Rock, spielt Gitarre und geht 2019 auf Tournee

WÄRE HAMBURG EIN GERÄUSCH, es brummte wie die Hörner der Containerschiffe. Oder wie der Bass, der die Boxen im »Mojo Club« auf der Reeperbahn vibrieren lässt. Es ist Freitagabend, das Licht der Scheinwerfer zittert, Ace Tee tritt auf die Bühne – 25 Jahre alt, Tochter ghanaischer Einwanderer, eine deutsche Künstlerin, international bekannt. Ihre Harlem-Hose steckt in Lederboots, ihr Gesicht unter einem *bucket hat*. Ace Tee lächelt ins Publikum, legt die Lippen an ihr Mikrofon. »Ich komme ja aus Hamburg, ne«, sagt sie, »und ich sage, wie es ist: Das ist einfach die geilste Stadt!«

HAMBURG IST BERÜHMT für seine Musikszene. Von den Beatles bis zu den Beginnern, von feinstem Gitarrenrock bis zum derbsten Hip-Hop – stets gab der Sound der Hafenmetropole Deutschlands Jugendkultur den Takt vor. Jede Generation interpretiert ihn anders, schafft sich ein neues Zeitgefühl. Schaut man, welche Künstler aktuell von sich hören machen, stößt man auf mindestens drei junge Frauen, die zur richtigen Zeit am richtigen Ort waren – in Hamburg.

In einem schlichten Büro in der Nähe des Volksparks sitzt Tarin Wilda, wie Ace Tee mit bürgerlichem Namen heißt, und muss erst mal überlegen, was sie auf die Frage antworten soll: **WARUM IST HAMBURG DIE GEILSTE STADT? ES IST SPÄTER NACHMITTAG, ABER WILDA IST NOCH ETWAS MÜDE. ZURZEIT NIMMT SIE IHR ERSTES ALBUM AUF, KREATIVITÄT KOSTET NUN EINMAL KRAFT.** »Ich habe eine Story, ich weiß nicht, ob die passt«, sagt sie und beginnt zu erzählen. »Neulich war ich bei Aldi, da war so 'ne richtig fette Schlange. Ich frage also die Kassiererin, ob sie eine zweite Kasse aufmachen kann, sie nickt. Ich will mich gerade an der neuen Kasse anstellen, da drängelt sich so ein alter Mann mit Hut vor und fängt an, zu pöbeln, weil ich ja schwarz bin, und er dachte, mit mir kann man das wohl machen. Und dann fangen superviele Leute an, mit ihm zu diskutieren und sich für mich einzusetzen. Das sind die Momente, da bin ich einfach nur stolz auf meine Heimatstadt.«

Tarin Wilda wurde vor zwei Jahren fast über Nacht berühmt. Über den Kurznachrichtendienst Twitter hatte jemand aus Kanada ihr Video zu ihrem Debüttrack »Bist du down« geteilt und sinngemäß mit den Worten empfohlen, da komme wohl die neue R'n'B-Königin. Der moderne R'n'B ist eine Mischung aus Soul und Rap und hat damit auch Wurzeln in den rauen Großstadtvierteln der USA. Internationale Medien wie die »Vogue« berichteten begeistert über die schwarze Hamburgerin, die auf Deutsch singt und dabei wie ein Girl aus der Bronx klingt. Das gefiel auch der schwedischen Modekette H&M, die Wilda einlud, eine eigene Kollektion für das Haus zu gestalten.

Geschichten wie die von Tarin Wilda schmeicheln den Hanseaten, sie zeigen eine andere Seite ihrer Stadt. Und plötzlich hat sogar das sozial schwache Viertel Jenfeld, in dem die gelernte Haarstylistin aufwuchs, einen gewissen Reiz. **WILDA STEHT NICHT FÜR DIE GLÄNZEND WEISSEN ALSTER-VILLEN, MIT GELÄNDEWAGEN IN DER EINFAHRT UND KANU IM GARTEN. SIE STEHT FÜR WÄNDE AUS WASCHBETON, FÜR TRÄUME VOM SOZIALEN AUFSTIEG.** Mehr als ein Drittel der Hamburger hat einen Migrationshintergrund, in Jenfeld sind es sogar knapp 60 Prozent. Der Zusammenhalt in ihrer Nachbarschaft habe ihre Identität geprägt, erzählt Wilda. Während die meisten männlichen Rapper aus Berlin und Frankfurt am Main mit aggressiven Texten und animalischen Posen um ihr Publikum buhlen, hüllt Ace Tee es mit sanften Beats und sinnlichen Zeilen ein. »Ich habe keinen Grund, irgendjemanden zu hassen«, sagt sie. »Mein Leben ist voller Liebe, und das verdanke ich auch der Stadt, in der ich lebe.«

FÜR JUNGE TALENTE wie Tarin Wilda sind in Hamburg die Wege kurz und gut ausgebaut. Die Musikszene gilt als hervorragend vernetzt. Bis Ende der Neunziger war Hamburg Deutschlands Musikmetropole, drei der sechs weltweit größten Labels saßen hier, knapp die Hälfte des Tonträgerumsatzes in Deutschland wurde hier gemacht. Mittlerweile gibt es noch drei Major Label, nur eines ist nach wie vor hier beheimatet, die beiden anderen in Berlin, die Kontakte aber sind geblieben. Jeder kennt irgendjemanden, der ein Studio besitzt oder einen Kumpel, der die Handynummer eines Produzenten gespeichert hat. Seit 2006 findet im Spätsommer auf St. Pauli das »Reeper Bahn Festival« in den Clubs zwischen Park Fiction und Großer Freiheit statt, ein Versuch die etablierten Strukturen neu zu beleben – mit Erfolg. Die Veranstalter bringen Kiezgefühl und Kommerz zusammen: Mit mehr als 900 Programmpunkten und rund 40000 Besuchern an vier Tagen ist das Festival zu einem der wichtigsten Branchentreffen weltweit gewachsen. Fester Bestandteil ist das »Wunderkinder«-Event: Nachwuchskünstler treffen auf Talentscouts, Manager und Labels.

EINE VON DENEN, die im September 2018 vor versammelten *talent buyers* aufgetreten sind, sitzt am Morgen danach in einem Café im Schanzenviertel und zündet sich →

Provokation als Marke: Die Songs von Rapperin Haiyti klingen oft aggressiv, rotzig, wie aufgeputscht durch grelle Soundeffekte – und garantiert nicht nach Mainstream

eine Zigarette an. »Das ist schon großartig, wen wir dort alles kennenlernen können«, sagt Ilgen-Nur Borali, 23 Jahre alt. Ihre dunklen Haare trägt sie als losen Dutt, zu den schwarzen Boots eine weiße Pyjamahose mit Blumenmuster. **MIT IHRER KÜHLEN ART, IHRER RAUEN STIMME, DEN AUGEN, DIE IMMER EIN BISSCHEN MÜDE AUSSEHEN, UND IHRER LIEBE FÜR GITARRENPOP HAT SIE SICH IN DEN VERGANGENEN ZWEI JAHREN EINEN NAMEN IN DER SZENE GEMACHT.** »Eigentlich ist es traurig«, sagt Borali, »aber als Frau mit türkischem Namen, die Indie-Musik macht, damit fällt man in Deutschland auf.«

Boralis Familie stammt aus der Türkei, sie selbst wuchs in einem kleinen Ort bei Stuttgart auf. Nach dem Abitur begann sie zunächst ein Studium, zog aber bald nach Hamburg. Eine Flucht aus der Enge der Provinz und vor den Vorurteilen, die ihr in ihrer Heimat begegneten. Wieso trägst du kein Kopftuch? Warum sprichst du so gut Deutsch? Was sagt dein Vater dazu, dass du rauchst …? Zusammen mit einer Freundin wohnt sie heute im Stadtteil Eimsbüttel. »Hier fühle ich mich unbeobachtet«, sagt Borali. Die Altbauwohnung mit Dielenboden und Stuck an den Decken sei ihre Komfortzone. Dort schreibt sie ihre Texte, über die leichten und die schweren Gefühle, und träumt davon, mit ihrer Musik eines Tages genug Geld zu verdienen, um sich später allein eine Wohnung in Altbauvierteln leisten zu können.

Doch auch wenn ihre Texte sich um das Private drehen, versteht sie ihre Arbeit als politisch. »Das Musikbusiness ist wie jede Branche bis heute extrem sexistisch«, sagt sie und erzählt, wie sie vor einem Konzert einmal nicht in den Bandraum gelassen wurde, weil sie die Türsteher für einen verliebten Fan hielten – dabei war sie der Showact. Dass es ausgerechnet zurzeit so viele Frauen ins Scheinwerferlicht schaffen, erklärt sich Borali mit der Lebenswirklichkeit ihrer Generation. »Wir nehmen uns heute das, was uns zusteht, und in Hamburg gibt es dafür eben die nötigen Netzwerke, die uns unterstützen.«

HINTER JEDER JUNGEN MUSIKERIN in Hamburg, auch das gehört zu der Antwort auf die Frage nach deren Erfolg, steht immer noch mindestens ein etablierter Mann. Samy Deluxe, einer der bekanntesten Rapper Deutschlands, half Ace Tee bei ihrer EP »Tee Time« von 2017, eine Handvoll Rockmusiker unterstützen Ilgen-Nur bei ihrer ersten eigenen Tour in diesem Jahr. Und das Produzentenkollektiv Kitschkrieg, das den Rapper Trettmann berühmt und den Soundeffekt »Autotune« radiofähig gemacht hat, hat in Hamburg eine weibliche Version der prolligen Gangsterrapper gefunden: Haiyti.

Haiyti heißt mit bürgerlichem Namen Ronja Zschoche. Ihr Vater ist Kroate, ihre Mutter aus Ostberlin, und sie selbst sieht aus, als hätte sie schon in frühester Jugend den Wodka aus dem Schrank der Eltern geklaut, um damit die älteren Jungs auf dem Spielplatz zu beeindrucken. Absatzschuhe, Minirock und Kapuzenpullover. An einem nebligen Novembernachmittag lehnt sie sich im Sessel im Büro ihres Managements am Fischmarkt zurück, fährt mit ihren lila lackierten Nägeln über den lasierten Holztisch. »Sag mir einfach, was ich dir über Hamburg erzählen soll, und ich mach es«, sagt sie und lacht ein spitzes Lachen. Ronja Zschoche spielt gern die Unnahbare, es ist nicht leicht, mit ihr über ihre Arbeit zu sprechen. Zu gern blendet die 1,58 Meter kleine Frau mit ihren Sprüchen ihr Publikum, wie Justin Bieber mit seinem vollverchromten Luxuswagen den Verkehr. Innerhalb der Szene gibt es Zweifel an ihrer Authentizität, doch egal wie groß die sind, der Neid des deutschen Feuilletons auf die Musikerin ist größer.

Ronja Zschoche hat – darin sind sich alle einig – mit Haiyti eine perfekte Kunstfigur geschaffen: Hinter der billig wirkenden Fassade versteckt sich eine professionelle Musikerin – eine, die langsam erste Erfolge einfährt: Ihr Album »Montenegro Zero« kletterte Anfang 2018 bis auf Platz 25 der deutschen Charts. **IHR SCHROFFES AUFTRETEN STEHT IM WIDERSPRUCH ZU DEN SCHLAUEN TEXTEN, DIE GRELLE STIMME BRICHT MIT DEN LYRISCHEN ZEILEN. AUF IHREM ALBUM RAPPT SIE IM TRACK »BERGHAIN« ÜBER DIE STIMMUNG EINER DURCHFEIERTEN NACHT: »ABGEHOLT IM RAUMSCHIFF, DIE GALAXIE AM GÜRTEL. ICH SONNE MICH IM BLAULICHT«.** Zschoche findet Worte für ein kaum greifbares Gefühl, den Rausch.

Erzählt sie aus ihrer Kindheit in Berlin und Jugend im Stadtteil Langenhorn, bleibt alles wage, kommen weder konkrete Orts- noch Zeitangaben vor. Kein Wunder: Zschoche spricht nicht über ihr Alter, eine Angabe aus ihrer Biografie zu viel könnte sie verraten. In manchen Zeitungsberichten heißt es, sie sei Mitte 20, auf Hamburgs Straßen munkelt man eher Ende 30. Ganz genau scheint es keiner zu wissen, oder wissen zu wollen.

Aber selbst wenn es unmöglich ist, aus Zschoche eine glaubwürdige Aussage zu Hamburg herauszulocken. Als Haiyti hat sie längst vorgesorgt. In ihrem Lied »Homezone« schwärmt sie von der Stadt, in der sie zur Kunstfigur wurde, sagt genau, was Hamburg von ihr hören will: »Alles, was ich will, bist du, alles, was du sagst, ist true.« ◐

PAY BACK

Mir egal wer ihr seid oder was ihr erzählt
Ich hab alles gesehen auf den Streets
Alles erlebt auf den Streets

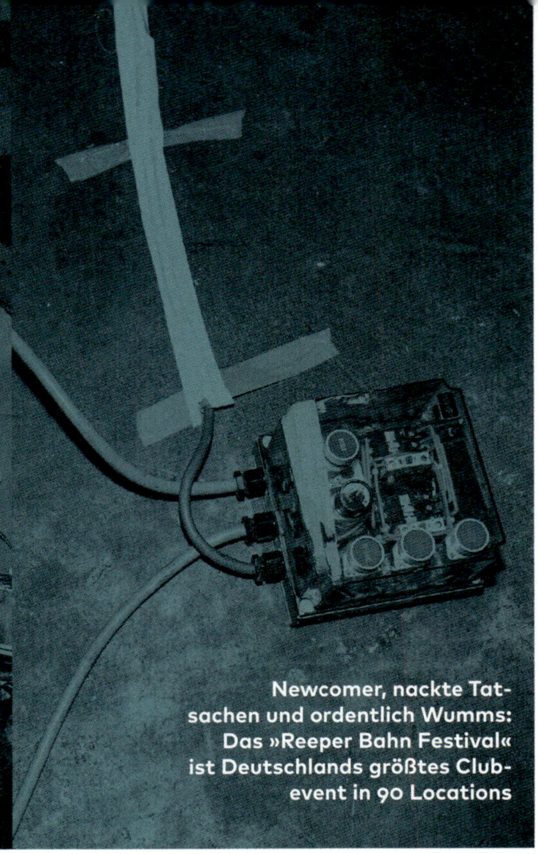

Newcomer, nackte Tatsachen und ordentlich Wumms: Das »Reeper Bahn Festival« ist Deutschlands größtes Clubevent in 90 Locations

Wo man Hamburgs Beat schlagen hört

Lieber Elektro oder Alternative, lieber Konzert-Hopping beim Festival oder eine Nacht im Club, lieber Newcomer-Songs oder Neunziger-Hymnen? Egal: Hier tanzt Hamburg

Ilgen-Nur, Ace Tee und Haiyti

Wer die drei Hamburgerinnen hören möchte: Ilgen-Nur geht 2019 auf Europa-Tournee (Termine unter *fb.com/ilgennur.band*). Ace Tee plant für 2019 ein neues Album (Neuigkeiten erfährt man unter *facebook.com/AyoAceTee*). Haiytis aktuelle Produktion heißt »ATM« (After Tuesday Morning).

Mojo Club

Vor den Tanzenden Türmen öffnen sich abends die Türen in die Unterwelt: Von der grellen, bunten Reeperbahn steigt man in goldenem Licht die Stufen hinab, wird von gediegenen Klängen und einer edlen Einrichtung empfangen. Heute finden hier vor allem Konzerte statt. Wie in einem Theater kann man auch von einer Empore runter auf die Bühne schauen.
St. Pauli, mojo.de

Prinzenbar

Der Konzertsaal im Look einer Jugendstilwohnung liegt auf der Rückseite der Reeperbahn und bietet gerade genug Platz, um eine gesellige Atmosphäre zu schaffen. Durch die stuckverzierten Wände und den Kronleuchter an der Decke fühlt man sich wie in einer Bar, in der die Lieblingsband ein Livekonzert für einen privaten Kreis von Freunden spielt.
St. Pauli, docks-prinzenbar.de

Grüner Jäger

Der »Grüne Jäger« liegt wie eine Jagdhütte auf einer Grünfläche, auf halber Höhe zwischen Reeperbahn und Sternschanze, und hat neben Konzerten auch immer eine lustige Party im Programm – Neunziger-Trash oder Single-Abend? Zum Club gehört ein Garten mit Bierbänken und Lichterketten, in dem man sich von der Musik erholen oder eben die Beute der eigenen Jagd sein kann.
St. Pauli, gruener-jaeger-stpauli.de

Die Fabrik

Konzerte, Theater, Lesungen: In der weiten Halle der Fabrik, im Herzen von Ottensen gelegen, findet jeder das für sich passende Kulturprogramm. Die ehemalige Maschinenfabrik aus der Gründerzeit, mit kirchenschiffartigem Saal und umlaufenen Galerien, gehört seit den Siebzigern zu den wichtigsten Adressen für Kulturschaffende und Interessierte. Hier spürt man den Charakter des Stadtteils: alternativ, intellektuell, kreativ und bunt.
Ottensen, fabrik.de

Golden Pudel Club

An einem Wintertag im Jahr 2016 wurde Hamburgs Clubkultur im Kern erschüttert: Der »Golden Pudel Club« brannte bis auf die Grundmauern ab. Jahrelang stand er für Hamburgs goldene Zeit als Hauptstadt der guten Musik. Während sich die Eigentümer über die Abriss- und Wiederaufbaukosten stritten, legten »Pudel«-Fans und Stadtverwaltung zusammen und bauten den Club wieder auf. Seit Dezember 2018 gehört der Club der »Golden Pudel Stiftung«.
St. Pauli, pudel.com

Reeper Bahn Festival

Produzenten, Musiker, Talentscouts und Manager treffen sich auf der Konferenz zum Branchen-Talk, Musikbegeisterte tanzen durch die Straßen und Clubs rund um die Reeperbahn. An vier Tagen finden dort an 90 Spielorten rund 600 Konzerte statt. 2019 rockt Hamburgs wichtigstes Musikfestival vom 18. bis zum 21. September.
reeperbahnfestival.com

Moloch

Hamburg ist nicht Berlin, vor allem nicht, seit das »Moloch« dicht ist. Der Technoclub im Oberhafenquartier hat den Kampf gegen die HafenCity und den Lärmschutz verloren und musste offiziell Anfang 2018 schließen. Im Sommer soll der Club neu öffnen, bis dahin kündigen die Veranstalter über Facebook immer wieder kleine Events an.
HafenCity, moloch.de

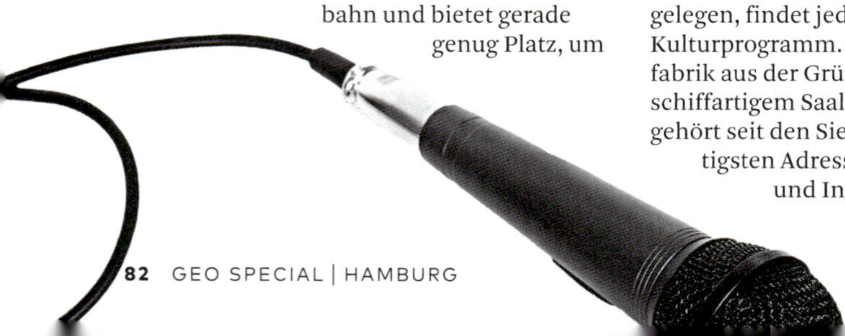

ZUCKER Wer von dem zimtig-süßen Hamburger Gebäck nicht genug kriegen kann, greift zum Aufnäher »Franzbrötchen«, bei B-Lage (7,90 €), Kampstraße 11, *b-lage.hamburg*

Shopping List

Glück kann man nicht kaufen? Ein beglückendes Hamburg-Gefühl können Sie durchaus mit nach Hause nehmen. In Form von Spirituosen, T-Shirts, Parfums, Bildern ... Also: Einkaufszettel schreiben, und los zu den schönsten Shops der Stadt

SCHANZEN- & KAROVIERTEL

ZWISCHEN SCHULTERBLATT & MARKTSTRASSE

Zwischen St. Pauli, Altona und Eimsbüttel liegt das Schanzenviertel mit seinen Bars, Restaurants, kleinen Shops und mit viel linksliberalem Geist. Wer seinen Bummel übers Schulterblatt beendet hat, sollte unbedingt einen Abstecher ins Karoviertel machen: ähnliches Flair – doch gemütlicher

RECYCLINGKUNST Schränke aus Ölfässern und Schüsseln aus Vinyl wie den »Plattenteller« (16,50 €) gibt es bei Lockengelöt, Marktstr. 114, *lockengeloet.com*

HAUPT-SACHE Die Elbphilharmonie als Krone der Schöpfung: Holzpostkarte »King Philly« (4,95 €) vom Büromarkt Hansen, Schulterblatt 7–9, *bueromarkthansen.de*

Weder Wurstbrötchen noch heiße Hunde trifft man im Hot Dogs in der Marktstraße 38 im Karoviertel, stattdessen hippe Frauchen und Herrchen, die nach Vintage-Kleidung stöbern

HOHELUFT

ZWISCHEN LEHMWEG & EPPENDORFER WEG

Der Isebekkanal und die mächtigen Jugendstil-Altbauten prägen das Gesicht von Hoheluft-Ost. Zwischen Lehm- und Eppendorfer Weg laden kleine Boutiquen zum Shoppen ein – bei »Bon Voyage« zum Beispiel Interiordesign, das jeder Wohnung südeuropäisches Flair verleiht, oder Mode aus Skandinavien bei »Mili«

BONJOUR **Ein Besuch in der Boutique Bon Voyage ist wie ein Trip nach Frankreich. Hingucker: die Vasen von Maison Sarah Lavoine (ab 39 €), Lehmweg 33,** ***bonvoyageinterieur.com***

SAUBER! **Liegt zwar jenseits des Isebekkanals, aber wer sich im heimischen Bad nach etwas Elbgefühl sehnt, deckt sich im Hamburger Seifenkontor mit Anker und Elphi ein, Oberstraße 2,** ***hamburger-seifenkontor.business.site***

ALTSTADT

RUND UM DIE MÖNCKEBERGSTRASSE

Die Spitaler- und die Mönckebergstraße sind die Hauptschlagadern der Hamburger Shoppingwelt. Zwischen Hauptbahnhof und Rathausmarkt residieren H&M, Karstadt und Co.

Die Europa Passage, das gläserne Einkaufszentrum nach einem Entwurf von Stararchitekt Hadi Teherani, glänzt mit 120 Geschäften und einem fantastischen Blick auf die Binnenalster

TRÄGT'S MIT FASSUNG
Viel Stauraum bietet der »Tweedham« im Hamburger Brit-Chic von Jack Wolfskin (129,95 €), Mönckebergstraße 31, ***jack-wolfskin.de***

AUF STREIFZUG
Nachwuchsseemänner (und -frauen) kleiden sich im Levantehaus in Ringelshirts von Hansekind (15,90 €), Mönckebergstraße 7, ***hansekind.de***

KEINE PANIK **Fans von Udo Lindenberg hängen den Kunstdruck »Think Big – Fly High« an ihre Wand (1200 €), Walentowski Galerien, Ballindamm 40,** ***galerie-europapassage.de***

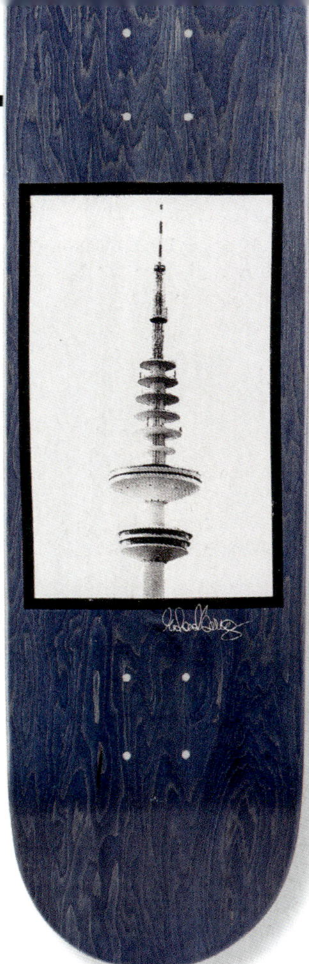

OTTENSEN

IN BAHRENFELDER & OTTENSER HAUPTSTRASSE

Boutiquen, Einrichtungsgeschäfte, Papeterien, Concept-Stores – in Ottensen kann man außergewöhnliche Shoppingschätze finden. Planen Sie beim Bummel durch die Ottenser Hauptstraße, Bahrenfelder und Große Rainstraße aber unbedingt eine Pause ein, die Cafés und Restaurants sind auch einen Besuch wert

FUNKY Skater und Fernsehturmfans beschenken sich mit dem Board »Skateboarding will not be televised« (54,99 €) von Titus, Ottenser Hauptstraße 56, *titus.de*

DAYPACK Lieblingsstück: Rucksack »Kanken« von Fjällräven (ca. 90 €), etwa im Oak Store, Bahrenfelder Straße 130, *oak-store.de*

KOMM KUSCHELN! Echte Seebären schnarchen auf Kissen »Frank« (Bezug 22 €) von den Wohngeschwistern, Bahrenfelder Straße 138, *wohngeschwister.de*

ST. PAULI

ABSEITS DER REEPERBAHN

Vergessen Sie die Reeperbahn! Jenseits der Sexshops ist St. Pauli – bei Tageslicht gesehen – viel interessanter. Dort entdecken Sie Hamburger Labels, Vintage-Läden und Shops für Männer mit harter Schale. Vor allem in der Wohlwill-, Clemens-Schultz-, Paul-Roosen-, Hein-Hoyer-, Seiler-, Simon-von-Utrecht-Straße und in der Kleinen Freiheit

FEINE RIECHER Die Parfums »Acqua di Hamburg« duften in Nuancen »Alster«, »Hafen«, »Kiez« und »Classic« (50 ml, je 38 €), *acqua-di-hamburg.de*

YEE-HAW! Urbane Cowboys, Biker und echte Männer shoppen im Ridersroom, zum Beispiel den Red-Wing-Lederstiefel »Blacksmith 3343« (319 €), Thadenstraße 4, *ridersroom.de*

HAFENCITY

ZWISCHEN SANDTOR- & CHICAGOKAI

Manch ein Miesepeter wirft Hamburgs neuem Stadtteil vor, er sei ein wenig blutleer. In der Tat kann es zwischen der ehrgeizigen Glas-, Stahl- und Backsteinarchitektur der Hafencity recht ruhig zugehen. Auf dem Einkaufszettel sollte das Quartier trotzdem stehen: zumindest für Teppiche und feine Spirituosen. Und für einen Gang durch eines der größten Stadtentwicklungsprojekte Europas

ZUM DRAUFFLIEGEN! Die Orientteppiche von On The Rugs sind aus Seide oder Schurwolle, handgefertigt, oft Vintage und immer Unikate, Am Sandtorkai 26, *ontherugs.de*

GINVOLL Kubebenpfeffer, Orangenschale, Kamille, Vanille, Muskat und Kaffirlimettenblätter machen diesen Wacholdergeist zum »Hafencity Gin« (500 ml, 35 €), *hafencitygin.com*

ROLLT! Reisende mit Hang zur Ordnung lieben den eingebauten Bügel im Handgepäcktrolley »19 Degree Aluminium« (895 €), etwa im Tumi Store, Neuer Wall 13, *de.tumi.com*

NEUSTADT

NEUER WALL

Chanel und Prada, Alsterhaus und Hanseviertel, aber auch Traditionsgeschäfte wie der Schneider Ladage & Oelke oder die Buchhandlung Felix Jud – wer einkaufen will wie Hamburgs High Society, steuert südlich der Binnenalster den Neuen Wall, Jungfernstieg und die Straße Große Bleichen an

SCHIETWETTERFEST Gegen diesen schwedischen Friesennerz ist Nieselregen chancenlos, von Stutterheim (225 €), etwa im Alsterhaus, Jungfernstieg 16, *stutterheim.com*

TICKT DIE NOCH SAUBER? Klar. Und erinnert sekündlich daran, wie kostbar Zeit ist. Rolex »Submariner Date« (12 250 €), etwa in der Rolex Boutique Hamburg, Neuer Wall 7, *rolex.com*

ST. GEORG

LANGE REIHE

Klassische Herrenmode neben Kleidung für den modern-urbanen Mann, hübsche Hamburg-Souvenirs neben türkischem Feinkostladen: Die Straße Lange Reihe, nordöstlich vom Hauptbahnhof, ist genau genommen nur rund 750 Meter lang, trotzdem würzen unzählige Gegensätze den Einkaufsbummel – das gilt auch für die Cafés und Restaurants hier im Stadtteil St. Georg

LECKERLIS **Mitbringsel für die Lieben gesucht? Greifen Sie im Kaufhaus Hamburg (o. l.) zum Geschenkset »Naschen total« (19 €), Lange Reihe 70, *kaufhaus-hamburg.de***

GUT BESOHLT **Für den passenden Auftritt auf Großstadtpflaster sorgen Sneaker, etwa von Nike (110 €), bei Cream, Lange Reihe 88, *saintcream.com***

HUT AUF! **Darf beim Ausflug in die Hamburger Society nicht fehlen: ein Trilby wie von Vintimilla (119,90 €), bei Chapeau, Lange Reihe 94, *chapeau-stgeorg.de***

NEUSTADT TRIFFT ALTSTADT

SÜDLICHE INNENSTADT

Zwischen Kontorhausviertel, Rathaus und Großneumarkt gehen etliche Hamburger tagtäglich zur Arbeit. In den Straßen eröffnen aber immer mehr kleine, feine Shops, die außergewöhnlich Gutes bieten: prächtige Zimmerpflanzen und hervorragenden Kaffee zum Beispiel

TOPFSCHNITT **Hamburger Grün für die Heimat setzt man am besten in den »Plantpot Face« (9,90 €), von Winkel van Sinkel, Wexstraße 28, *winkelvansinkel.de***

KAFFEEZEIT **Wer in die Nord Coast Coffee Roastery (o. r.) einkehrt, erlebt ein Stück hanseatische Handelsgeschichte. Kaffeebohnen, zum Beispiel »Kolumbien« (250 g, 9,50 €) oder »Honduras« (250 g, 7,90 €), Deichstraße 9, *nordcoast-coffee.shop***

UNTERWEGS MIT

FRAU ELBVILLE

Teil 2*: Treppenhäuser – Yoga fürs Auge

Meist frei zugänglich, aber wo ein Pförtner wacht, gern fragen, ob der Eintritt möglich ist: **1 Zürichhaus** in der Domstraße 17–21. **2 Ballinhaus** am Meßberg 1. **3 Feldstraßenbunker** in der Feldstraße 66. **4 Brahmskontor** am Johannes-Brahms-Platz 1. **5 Dermatologikum** am Stephansplatz 5. **6 Esplanadebau**, Esplanade 6. **7 Detjenhaus**, Kajen 6–8. **8 Sprinkenhof** in der Burchardstraße 8

*Teil 1 auf Seite 38, Teil 3 auf Seite 100

8

Platz

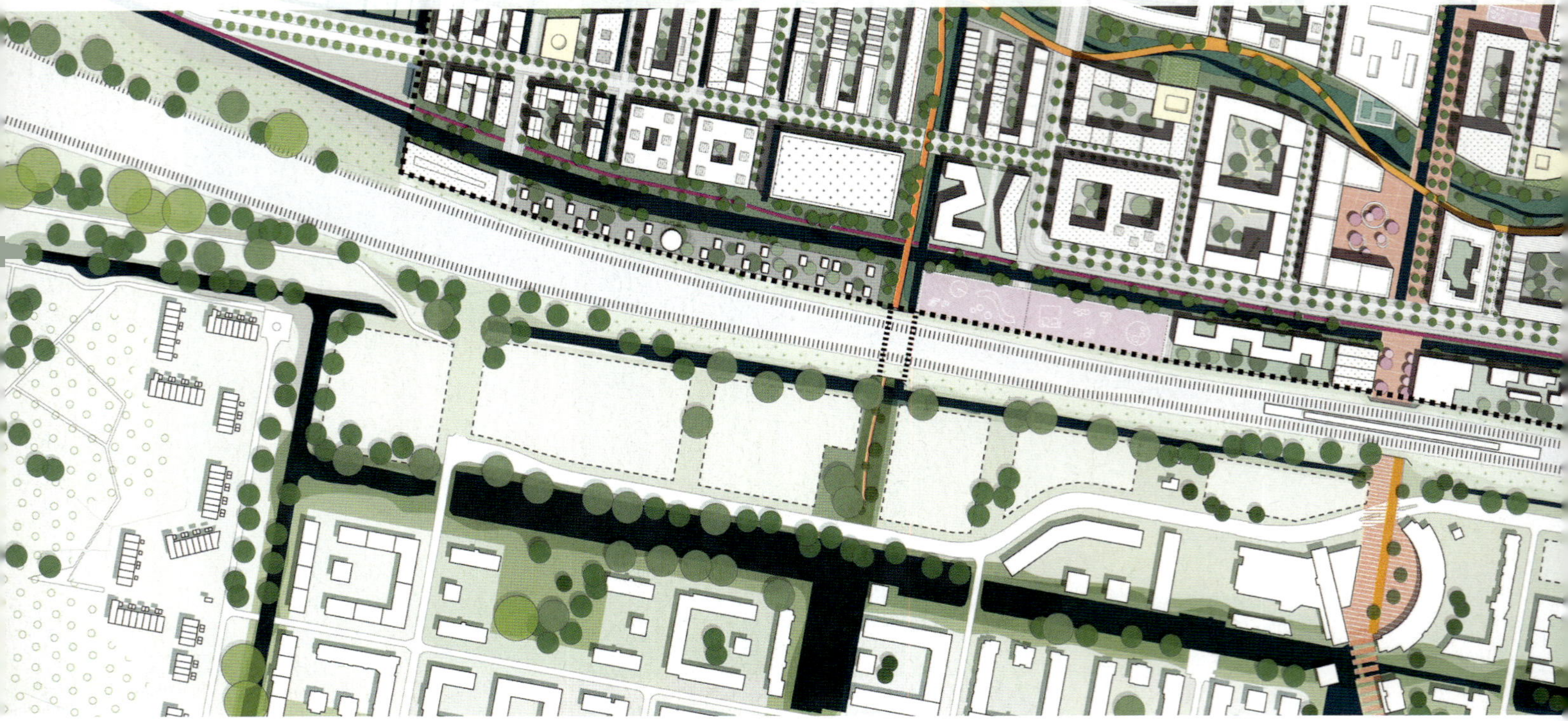

Noch existiert das neue Viertel Oberbillwerder im Osten der Stadt nur auf dem Papier. In 15 bis 20 Jahren sollen hier 20000 Menschen leben

da!?

Hamburg wächst und wächst, bald werden hier zwei Millionen Menschen leben. Wo sollen sie wohnen, studieren, arbeiten? Mit jedem neuen Bauprojekt wird die Frage lauter: Wie dicht ist die Metropole bereits?

TEXT **Harald Willenbrock**

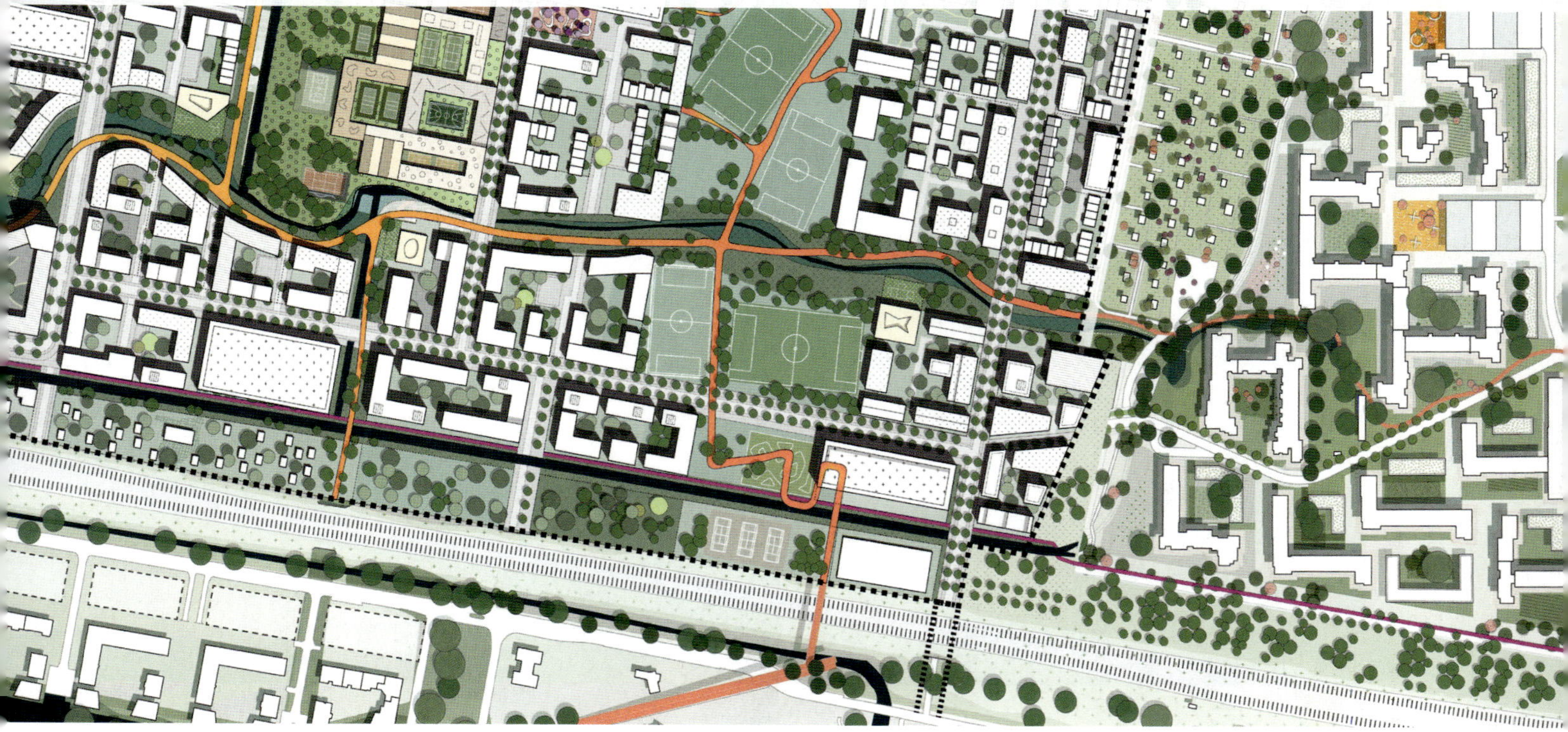

Zukunftspläne: Der Autobahndeckel in Schnelsen wird Lärmschutz und Grüngürtel (u. l.). Rothenburgsort soll durch eine neue Brücke, Parks und Wohnungen am Wasser attraktiv werden (u.). Nur zwei der Projekte von Stadtentwicklungssenatorin Dorothee Stapelfeldt (u. r.)

Hamburgs modernster und zugleich unbekanntester Stadtteil hat 7000 nigelnagelneue Wohnungen, 4000 bis 5000 Arbeitsplätze, vier Schulen und bis zu 14 Kitas. Auf dem 120 Hektar großen Areal, umrahmt von einem üppigen Grüngürtel, gibt es eine S-Bahn, die Anwohner binnen 16 Minuten ins Stadtzentrum bringt, es warten Supermärkte und Parks, Sporthallen, Gemeindezentren und zu alledem eine echte Hamburger Rarität: jede Menge freier Wohnraum!

Denn Oberbillwerder, wie das Viertel heißt, existiert momentan nur in Köpfen und Modellen der Stadtplaner. Noch ist es ein linsenförmiges Stück Grünland, rund zwölf Kilometer und sechs S-Bahn-Stationen östlich des Hauptbahnhofs Richtung Bergedorf. Noch weiden hier Pferde auf weiten Koppeln, Reiher landen an den Säumen struppiger Entwässerungsgräben. Läuft alles nach Plan, sollen hier in einigen Jahren rund 20 000 Menschen wohnen, arbeiten, zur Schule gehen, ihre Kinder großziehen und eines Tages auch sterben. Wie überall in der Hansestadt also.

Und dennoch soll Hamburgs 105. Stadtteil ganz anders werden. Keine klassische Stadtrandgemeinde mit Einfamilienhauswüsten, sondern ein eng bebautes Viertel mit autofreien Zonen, fünf- bis siebengeschossigen Mehrfamilienhäusern und dem bewährten Hamburger Drittelmix aus Miet- und Eigentumswohnungen, Sozialwohnungen und Baugemeinschaften. »Ottensen auf der grünen Wiese« nennt es der Hamburger Stadtplaner Norbert Nähr in Anlehnung an das angesagte Szeneviertel, in dem sich längst viel zu viele Interessenten um zu wenig freie Quadratmeter drängeln. Nähr hat als Mitglied eines Expertenpanels die Masterplanung für Oberbillwerder begleitet. Als eine Art Hip-Viertel aus der Retorte soll es all jenen ein Zuhause bieten, die in Eimsbüttel, der Schanze oder auf St. Pauli gerade vor Wohnungsmangel und Mietpreisexplosion kapitulieren. Es ist gleichzeitig eine abenteuerliche Wette, die die Stadt hier auf ihre Zukunft abschließt: Kann es gelingen, auf begrenztem Platz nicht nur mehr, sondern auch besseren Wohnraum für alle zu schaffen?

»Einen autoarmen Stadtteil am Stadtrand hat es tatsächlich so noch nicht gegeben«, meint Planer Nähr. »Hamburg leistet sich mit Oberbillwerder jedenfalls einen verdammt mutigen Entwurf.« Vermutlich schwingt dabei auch ein gewisser Mut der Verzweiflung mit, denn Hamburg braucht dringend Wohnraum. Derzeit kommen jedes Jahr etwa 30 000 Neubürger in die 1,8-Millionen-Einwohner-Stadt, deren Nachfrage die ohnehin stetig steigenden Mieten in Höhenlagen trägt, wo für viele die Luft längst zu dünn ist. Auf St. Pauli etwa werden für eine 30-Quadratmeter-Wohnung schon mal 700 Euro verlangt, 76 Quadratmeter in Ottensen können stolze 1300 Euro kosten.

Sollte der Strom der Zuwanderer nicht abreißen, könnte Hamburgs Einwohnerzahl im Jahr 2030 mit zwei Millionen ein historisches Allzeithoch erreichen. Diese Aussicht bereitet heute schon jede Menge Kopfzerbrechen, vor allem jemandem wie Dorothee Stapelfeldt. Wer mit Hamburgs Stadtentwicklungssenatorin über die Zukunft der Boomstadt sprechen will, wird von ihr in den Salon »Laube« des Hamburger Rathauses gebeten. Als der holzvertäfelte Salon, ein hoher Raum mit bunten Glasfenstern, 1897 zusammen mit dem Rathaus fertiggestellt wurde, hatten Stapelfeldts Vorgänger noch über weniger als 700 000 Bürger zu regieren (allerdings zählten Altona, Wandsbek und Harburg-Wilhelmsburg damals noch nicht zur Hansestadt). »Unsere Stadt übt nun einmal eine enorme Anziehungskraft auf viele aus, und zwar besonders auf Auszubildende, Studierende und Berufsanfänger«, erklärt die Senatorin. »Wir forcieren das gar nicht, die Menschen kommen zu uns, weil sie hier leben wollen, ihr Glück suchen oder Arbeit finden. Unsere Aufgabe als Stadt ist es, dafür zu sorgen, dass es zukünftig genügend bezahlbaren Wohnraum gibt, und zwar sowohl für die, die hier leben, als auch für die, die zu uns kommen.«

Und weil das so ist, stecken Stapelfeldt und ihr Senat im doppelten Klammergriff von Wohnungssuchenden und Wohnungsbesitzern. Während Neubürger gern schnellstmöglich Bautrupps anrücken sehen würden und Stapelfeldts Beamte im Eiltempo mehr als 10 000 neue Wohnungen pro Jahr genehmigen, verteidigen Alteingesessene vehement die letzten Brachen und Baulücken in ihrer Nachbarschaft. Die Umweltschutzorganisation NABU läuft mit Unterschriftenaktionen Sturm gegen den »Flächenfraß durch Wohnungsbau«, während die Hamburger Wochenzeitung »Die Zeit« den »Größenwahn« einer Stadt anprangert, die immer weiter wachsen will und dabei immer unerschwinglicher wird: »Die Sozialdemokraten, die Hamburg regieren, sind weit davon entfernt, das wichtigste Problem ihrer Stadt zu verstehen.« Tatsächlich gilt für Hamburgs Mieten und Grundstückspreise längst das Grundgesetz aller attraktiven Großstädte: Der Wahnsinn von gestern ist stets die Normalität von heute. Preissteigerung für ein Baugrundstück binnen zehn Jahren? Satte 110 Prozent.

Was automatisch zur Frage führt: Wann platzt die Hansestadt aus ihren Nähten? Wie viel neue Wohnungen, wie viel Nähe vertragen eine Stadt und ihre Bewohner überhaupt? Folgt man den Schilderungen von Dorothee Stapelfeldt, ist rund um Elbe und Alster noch jede Menge Luft. Fast 50 Prozent der Hamburger Landesfläche bestünden immer noch aus Wäldern, Parks, Sportanlagen oder Feldern wie jenen in Oberbillwerder, rechnet die Senatorin vor. Und sowieso: Im Vergleich etwa zu Wien, das ähnlich viele Bürger zählt, verteilten sich die Hanseaten auf etwa doppelt so viel Platz. »Hamburg ist die grüne Metropole am Wasser und soll diesen Charakter auch behalten. Und dennoch kann unsere Stadt durchaus eine höhere bauliche Dichte gut vertragen, schließlich macht diese auch Urbanität und Lebendigkeit einer Großstadt aus.«

Mit anderen Worten: Hamburg ist (noch) nicht ganz dicht.

Tatsächlich ist die Hansestadt mit durchschnittlich 2424 Einwohnern pro Quadratkilometer auf den ersten Blick lückenhafter bebaut als beispielsweise Berlin, wo auf jeden Quadratkilometer knapp 4000 Menschen kommen. Doch der Kopf-pro-Fläche-Vergleich hinkt. Zum einen zählen zu Hamburgs Landesfläche auch Häfen, Alster und Elbe – Gebiete also, die →

niemand ernsthaft bebauen kann oder will. Vor allem aber liegen Dichte und (statistische) Wahrheit um einiges auseinander, genauer: im subjektiven Empfinden des Betrachters.

Um das zu begreifen, muss man in Hamburg nur einmal in die U-Bahnlinie U3 steigen, an der Station Hoheluftbrücke aussteigen und eine halbe Stunde nordwestwärts durchs Generalsviertel spazieren. Über die kleinen Parks und Spielplätze von Roon- und Gneisenaustraße geht der Weg vorbei an den schmucken Stadthäusern der Wrangelstraße und bis zu den Straßencafés von Bismarckstraße und Eppendorfer Weg, vor denen Nachbarn gemütlich beim Kaffee zusammensitzen. Wer schließlich in der Mansteinstraße anlangt, hat gerade den mit mehr als 13 000 Einwohnern pro Quadratkilometer am dichtesten besiedelten Stadtteil durchquert.

Dennoch – manche sagen: auch deswegen – zählt das Generalsviertel zu den begehrtesten Wohnquartieren Hamburgs. Unter 3000 Euro ergattert hier niemand mehr einen Neubau-Quadratmeter. Das Quartier, zur vorletzten Jahrhundertwende blockweise von Investoren auf die Wiese gepflanzt, kann sich vor Nachfrage kaum retten. Die lebensqualitätsentscheidende Frage ist also nicht, wie dicht eine Stadt ihre Häuser stellt, sondern wie klug sie es tut. Und darin besteht vielleicht ein positiver Nebeneffekt des Wohnraummangels: Die (Platz-)Not macht zwangsläufig erfinderisch.

Seit Jahren flöhen Stapelfeldt und ihre Kollegen jedes Stadtviertel, jeden Straßenzug nach Restflächen, die genutzt werden könnten. Und fast überall werden sie fündig. Im Westen der Stadt legen sie gerade einen etwa 2000 Meter langen Betondeckel über die Autobahn A7, auf den Kleingärtner aus dem benachbarten Bahrenfeld ziehen werden. Auf den dort geräumten Kleingartenflächen sowie der – noch abzuwickelnden – Trabrennbahn Bahrenfeld wird dann Platz für 2200 Wohnungen frei. Einmal quer durch die Stadt, in Barmbek-Nord, werden auf ehemaligen Kleingärten 1400 Wohnungen zum sogenannten Pergolenviertel ausgebaut. Weitere 750 Apartments entstehen am Tarpenbeker Ufer, während im östlichen Teil der Hafencity der Baakenhafen und das Grasbrookquartier Gestalt annehmen, die Hamburgs Innenstadt über die Elbe verlängern sollen. Überlegt wird auch, entlang viel befahrener Hauptverkehrsstraßen vermehrt Wohnbebauung zuzulassen. Gute Lärmschutzfenster und ein künftig elektrisierter und damit leiserer Autoverkehr könnten es möglich machen.

Aber ob das reicht? Thomas Krüger, Professor für Stadtplanung an der Hamburger HafenCity-Universität, ist skeptisch. »Innerhalb des Ring 2 – also dort, wo eigentlich alle urban orientierten Haushalte wohnen wollen – ist Hamburg bereits jetzt sehr dicht bebaut«, sagt er. »Die innere Stadt ist bald voll.« Und weil das so ist, richtet sich der Blick der Planer zusehends in bis dato ungekannte Höhen. An den Elbbrücken soll 2021 mit dem Bau des »Elbtower« begonnen werden – eines von David Chipperfield Architects entworfenen Büroturms, der mit rund 245 Metern doppelt so hoch wäre wie der Rathausturm. Auch in den neuen Wohnvierteln geht es mutig nach oben.

Auch das Zentrum wandelt sich: Im Katharinenquartier in der Altstadt stehen mehr als 130 Wohnungen auf einem ehemaligen Schulgelände (u. l.). Vom neuen Fernbahnhof Altona (u.) sollten 2023 die ersten Züge fahren, jedoch verzögern Planungsfehler den Bau

Zu besichtigen ist der Trend zur steilen Traufhöhe unter anderem bereits in der »Neuen Mitte Altona«, einem 1600-Wohnungen-Quartier, das im Windschatten Ottensens auf ehemaligen Bahngleisen heranwächst. Um den kostbaren Platz maximal auszunutzen, wurden hier Blöcke aus Backstein oder Ziegeln eng an eng gestellt und auf bis zu acht Stockwerke hochgezogen. Das Ergebnis ist ein dichtes, dunkles Wohnwürfelghetto, in dem 105 Quadratmeter hanseatischer Urbanität dennoch rund 500000 Euro kosten. »Würde ich da an der Nordseite und im Erdgeschoss wohnen«, meint Stadtplaner Krüger kopfschüttelnd, »bekäme ich im Winter vermutlich Depressionen.«

Draußen, in Oberbillwerder, ist zumindest noch sehr viel mehr Licht und Weite. Aber ob die Hochrisikowette des Senats aufgeht, ist alles andere als ausgemacht. Denn Oberbillwerder steht gleich nach der Hafencity für die größte Erweiterung, die sich Hamburg jemals vorgenommen hat. Allein die geplanten 1200 Baugemeinschaftswohnungen sind rund drei Viertel so viele, wie man in den vergangenen 15 Jahren in allen Hamburger Stadtteilen insgesamt realisiert hat – das aber auf einen Schlag und in einem einzigen Stadtteil. Insgesamt müssen 7000 Wohnungen an eine urban-hippe Klientel gebracht werden, die derzeit noch Schwierigkeiten haben dürfte, Oberbillwerder überhaupt auf dem Stadtplan zu finden. Vom Nachbarviertel hingegen hat vermutlich jeder Hamburger bereits einmal gehört: Neu-Allermöhe, in den 1980ern und 1990ern eilig hochgezogen und zur Heimat vieler Spätaussiedler avanciert, steht heute im Ruf eines sozialen Brennpunkts.

»Und in diese Nachbarschaft sollen Leute ziehen, die eigentlich gern in Winterhude oder Eppendorf wohnen würden?«, fragt Jan Diegelmann kopfschüttelnd. »Das klappt doch nie!« Diegelmann ist ein bedächtiger IT-Unternehmer, der mit seiner Familie seit 2007 in unmittelbarer Nachbarschaft des künftigen Quartiers lebt. Heute führt er als Vorsitzender der »Dorfgemeinschaft Billwerder an der Bille e. V.« den Widerstand gegen die Bebauung des Areals an. Seine Befürchtung: »Sollte die erhoffte zahlungskräftige Klientel ausbleiben, wird aus Oberbillwerder kein neues Ottensen, sondern ein zweites Neu-Allermöhe.«

Was aber, wenn die Innenstadt bald dicht und die Bebauung der Peripherie dermaßen riskant ist? Wo sollen dann in nennenswerter Zahl Wohnungen geschaffen werden?

Für Professor Thomas Krüger liegt eine vielversprechende Lösung in den relativ locker bebauten Stadtrandvierteln wie Eidelstedt, Lurup, Jenfeld oder Rahlstedt, in die sich heute bereits seine Schüler vor den studentenunverträglichen Innenstadtmieten flüchten. »Wenn wir diese Viertel mit besserer Fahrradweg- und Busanbindung, Coworking-Spaces, Kultureinrichtungen und so weiter fit für die Zukunft machen, könnten wir hier künftig sehr viel mehr Menschen ansiedeln«, glaubt Krüger. Gleiches gelte für die Umlandgemeinden in Niedersachsen und Schleswig-Holstein, zu denen der Hamburger Senat leider ein sehr hochnäsiges Verhältnis pflege, statt gemeinsam mit ihnen gut angeschlossene Wohngebiete zu entwickeln.

Krüger weiß, wovon er spricht. In seiner Heimat fand der 59-jährige gebürtige Hamburger für sich und seine fünfköpfige Familie einfach keinen bezahlbaren Wohnraum. »Und das, obwohl ich als Universitätsprofessor sicher zum oberen Einkommensdrittel gehöre. Ich finde das ziemlich schockierend.« Das neue Zuhause der Krügers ist jetzt ein Winkelbungalow aus den 1960er-Jahren im Heidestädtchen Buchholz – lediglich 20 Bahnminuten von Hamburg entfernt. Allmorgendlich, wenn Krüger auf dem Weg zur Uni im Pendlerzug auf die Elbbrücken einbiegt, sieht er sie vor sich: die Boomstadt, die so beliebt ist, dass sie sich bei einigen gerade ziemlich unbeliebt macht. ◐

Verliert Hamburg

Neubauten auf der grünen Wiese sind das eine. Wie aber geht die Stadt

»Wir müssen unsere Kultur erhalten, denn eine Stadt muss Geschichte erzählen. Aber sie muss auch neue Geschichte erfinden dürfen«

Hamburg ist, was den Denkmalschutz betrifft, auf keinem kritischen Weg. Dass hier alles abgerissen wird, ist ein Vorurteil. Tatsächlich besteht überhaupt keine Gefahr für das Stadtbild. Die prägenden Stadträume wie die Alster oder die Wasserwege werden ebenso geschützt wie die identitätsstiftenden Gebäude, seien es die fünf Hauptkirchen oder der Fernsehturm. Dafür ist Denkmalschutz wichtig. Wir müssen unsere Kultur erhalten, denn eine Stadt muss Geschichte erzählen. Aber sie muss auch neue Geschichte erfinden dürfen. Für die Speicherstadt etwa wurde einst ein ganzer kleinteiliger Stadtteil abgerissen. Das würde man heute vermutlich nicht mehr tun. Aber was stattdessen dort steht, will auch niemand mehr missen.

Deswegen ist für mich der gesetzliche Rahmen entscheidend. Ein gutes Gebäude, das unter Denkmalschutz steht, kannst du nicht abreißen. Wenn das Amt aber selbst sagt, dass es keine Original-Bausubstanz mehr gibt, die man unter Schutz stellen kann, dann ist das für uns Architekten die Entwurfsvoraussetzung. Zum Beipsiel beim Deutschlandhaus am Gänsemarkt, über das so heftig diskutiert wird. Das Originalgebäude von 1929 wurde Ende der Siebziger bis auf die Stahlstruktur abgetragen und neu gebaut. Man könnte eine getreue Replika herstellen. Solche Versuche enden aber häufig in der Karikatur. Und ich hänge doch an der Ehrlichkeit der Architektur. Deshalb ist meine Haltung: Wenn von den alten Werten nichts mehr vorhanden ist, haben wir als Gestalter die Aufgabe, neue Orte zu entwickeln. Und ich behaupte, wir besitzen die Kraft und das Verständnis für eine Architektur, die selbst einmal Denkmal wird.

Dort, wo ich bisher mit Denkmalschutz zu tun hatte, habe ich stets versucht, Alt und Neu zu einem Gesamtkunstwerk zu verbinden. Etwa beim Umbau der alten Brauerei an der Elbchaussee oder im Falkenried. Auch die Elbphilharmonie von Herzog & de Meuron ist ein sehr gelungenes Beispiel: Der alte Kaispeicher A, der den Sockel bildet, war nicht gerade ein Barockschloss. Aber es gelang, seine Erscheinung zu bewahren. Hätte man auf Denkmalschutz gepocht, um den Speicher original zu erhalten, hätten wir jetzt keine Philharmonie.

Wenn die Qualitäten bei alten Häusern nicht mehr stimmen, muss man die Situation verändern dürfen. Falls man Häuser von mir irgendwann abreißt, habe ich damit kein Problem – so lange etwas Besseres kommt. Die Frage beim Denkmalschutz muss lauten: Was opfert man, was bekommt man dafür? Denn modernes Leben verlangt Erneuerung.

... ist international ausgezeichneter Architekt und Designer; er lebt in Hamburg, wo er unter anderem die Tanzenden Türme an der Reeperbahn und die Europa Passage entwarf

HADI TEHERANI

NEIN

sein Gesicht?

mit ihrem architektonischen Erbe und dem Denkmalschutz um? Zwei Standpunkte

DIE LISTE DER DENKMALVERLUSTE in Hamburg ist lang. Ob das beeindruckende Kontorhaus Dovenhof (erbaut 1886, Abriss 1967), die Fabrik- und Lagergebäude der GEG auf der Peute (erbaut 1925–1927, Abriss 2011–2013) oder das Allianz-Hochhaus in der City (erbaut 1969–1971, Abriss 2018), um nur einige Beispiele zu nennen: Immer waren es wirtschaftliche Interessen, die den Abriss begründeten – der Wunsch nach mehr Nutzfläche auf gleicher Grundstücksgröße oder nach moderneren Gebäudezuschnitten. Nach außen hin werden oft andere Argumente vorgeschoben: Baufälligkeit oder Schadstoffverseuchung der Altbauten. Oder ihre Erhaltung wird als unwirtschaftlich kalkuliert. Das Denkmalschutzgesetz wird politisch in Hamburg allzu häufig zur Kann-Bestimmung degradiert, vor allem wenn es die Interessen einflussreicher Bauherrn stört. Und wenn das zuständige Amt dieses Spiel nicht mitmacht, hilft im Zweifel das sogenannte Evokationsrecht des Senats weiter, also das Recht, den nachgeordneten Behörden Anweisungen zu erteilen oder die Entscheidungen an sich zu ziehen.

»Wenn wir nicht gut aufpassen, ist Hamburg in einigen Jahren nicht mehr die Stadt, die von ihren Bewohnern und zunehmend auch von Touristen so geschätzt wird«

Aktuell ist der Druck auf Hamburgs Baubestand höher als je zuvor, Wohnungsnot und Niedrigzinsphase erzeugen einen enormen Bauboom. Bedroht sind dabei nicht nur die ein bis zwei Prozent denkmalgeschützter Gebäude, sondern auch viele der nicht unter Schutz stehenden Altbauten, die genauso zum vertrauten Stadtbild gehören und Hamburgs Identität ausmachen. Besonders bedauerlich finde ich zum Beispiel, wie gerade viele kleinere Gründerzeitbauten verschwinden, um Neubauten mit der doppelten Geschossfläche Platz zu machen. Das macht deutlich: Wachsende Städte wie Hamburg brauchen einen starken Denkmalschutz, damit sie vielfältig und lebenswert bleiben. Wenn wir nicht gut aufpassen, ist Hamburg in einigen Jahren nicht mehr die Stadt, die von ihren Bewohnern und zunehmend auch von Touristen so geschätzt wird.

Dass es auch anders geht, zeigt die Speicherstadt – noch in den 1990er-Jahren wollte der Senat sie eigentlich mit ungewisser Perspektive verkaufen. Heute steht sie nicht nur unter Denkmalschutz, sondern ist sogar zum UNESCO-Welterbe ernannt worden. Dank planerischer und unternehmerischer Kreativität etablieren sich hier zum Beispiel Atelier- und Büroräume für Kreative, wo früher nur Waren gelagert wurden.

Neu erschaffen: Der Architekt Hadi Teherani entwarf das markante Deichtorcenter (l.). Abgerissen: Das ehrwürdige Kontorhaus Dovenhof wich 1967 dem »Spiegel«-Hochhaus (u.)

KRISTINA SASSENSCHEIDT

... ist Vorsitzende des Denkmalvereins Hamburg (*denkmalverein.de*), der sich für die architektonische Vielseitigkeit der Stadt sowie Denkmalschutz und -pflege einsetzt

JA

UNTERWEGS MIT

FRAU ELBVILLE

Teil 3*: U-Bahn-Stationen – die Unterwelt strahlt

2

1 3

4

1 Die Station **Niendorf Nord (U2)** besticht durch Säulen in Birkenoptik. **2** In der **HafenCity Universität (U4)** warten Passagiere unter Leuchtkästen, die die Farbe wechseln. **3** In der **Feldstraße (U3)** malt das Licht ein Mondrian-Gemälde auf den Boden **4** 1929 eröffnete die Station **Klosterstern (U1)**, die heute unter Denkmalschutz steht. **5** Am **Meßberg (U1)** herrscht Eidottergelb vor

*Teil 1 auf Seite 38, Teil 2 auf Seite 90

5

Die Lieblingsorte der Redaktion

Ein Heft wie ein Heimspiel: Als Redaktion mit Sitz an der Elbe sind wir auf unser Hamburg natürlich besonders stolz – und verraten unsere ganz persönlichen Tipps und Entdeckungen. Vielleicht sieht man sich da!

Entdecker-Orte

12 ORTE IN HAMBURG ZUM ENTSPANNEN, STAUNEN, GENIESSEN UND IMMERWIEDERKOMMEN

Antje Wischow, Chefin vom Dienst bei GEO Special, hat im Magazin-Kino ihre Lieblingsrolle gefunden – aus Papiertickets (l.). Nasszelle: Das ehemalige Wasserwerk auf der Elbinsel Kaltehofe ist heute Museum und Naturpark

1. Magazin-Filmkunsttheater Antje Wischow

MEIN PERSÖNLICHER ENTDECKER-ORT ist das Magazin-Kino in Winterhude. Das Filmkunsttheater liegt in einer von Fritz Schumacher »für einfache Arbeiter- und Rentnerfamilien« vor mehr als 90 Jahren konzipierten und mittlerweile denkmalgeschützten Rotklinker-Wohnanlage. Die Adresse, Fiefstücken 8, ist genau so ein Hamburger Original wie der Empfang im Kino: Die Kassiererin verkauft Eintrittskarten von der Rolle, selbst gebackene Kekse zum Glas Wein oder auch selbst gemachte Konfitüre, der Tontechniker reißt am schweren Samtvorhang die Karten ab und gewährt Einlass in den unerwartet großen Saal mit hochmoderner, digitaler Vorführanlage. Und wenn dann das Licht aus- und der Film losgeht, entführt er mich in eine andere Welt, aus der ich nach einem rundum schönen Kinoelebnis wieder auftauche und gelobe, sehr bald wieder auf Entdecker-Tour ins Magazin zu kommen.
Winterhude, magazinfilmkunst.de

2. Lühmanns Ruth Hoffmann

DIE STILVOLLE TEESTUBE mit britischem Einschlag ist eine Institution in Blankenese und der ideale Ort zum Entspannen – nach einem Spaziergang an der Elbe oder im Hirschpark mit seinen uralten Bäumen. Die hausgemachten Obstkuchen, die in fetten Stücken serviert werden, und die Scones mit Clotted Cream sind grandios. Die originellen, kleinen Bistro-Gerichte wie die »Grüne Schnitte« (in Sahne gedünstetes Gemüse) sollte man probieren. Am besten also Zeit einplanen – und Hunger.
Blankenese, luehmanns-teestube.de

3. Loki-Schmidt-Garten Kirsten Bertrand

WENN ES MIR IN »PLANTEN UN BLOMEN« ZU VOLL WIRD, wandere ich aus: in die Feuchtwälder Südamerikas mit ihren ausladenden Schmucktannen, in die wogenden Steppen Nordamerikas oder in die schattigen Bambuswälder Asiens. Im Loki-Schmidt-Garten in Klein Flottbek wächst die Welt der Pflanzen in einem grünen Patchwork zusammen, das sich an keinen Atlas hält. 24 Hektar ist das Gelände des botanischen Gartens groß, Platz genug, zwei, drei Stunden darin herumzuspazieren; und selbst im Sommer findet man immer eine freie Bank, um in Ruhe den Einfallsreichtum der Natur zu bewundern. Auf dem Weg Richtung Ausgang muss es noch ein Abstecher in heimische Gefilde sein: in den bilderbuchmäßig gepflegten norddeutschen Bauerngarten mit Beeten voller Borretsch, Stockrosen, Malven und Glockenblumen, daneben das kleine Reetdachhäuschen mit dem Gartenshop, und zum gläsernen Schaukasten, in dem Bienen an ihren Waben basteln.
Klein Flottbek, bghamburg.de

4. Freibad Finkenwerder Daniel Ramm

SOMMER VORM BALKON? Dann: Raus aus der Stadt, rauf auf die Fähre, rüber über die Elbe, am besten das Fahrrad mitnehmen. Auf der anderen Flussseite, im beschaulichen Finkenwerder, sind die Autos weniger schnell, die Häuser weniger hoch und die Menschen weniger gestresst – erst recht, wenn sie gerade auf dem Weg ins örtliche Freibad sind. Dort sieht man von der Liegewiese aus die Frachtschiffe auf der Elbe vorbeiziehen – oder Kinder von Rutschen und Sprungbrettern ins 50-mal-25-Meter-Becken fliegen. Angenehm geringe Halbstarken-Dichte! Ach ja, und in der Schlange zum Pommes-und-Eis-Lädchen kann schon mal Sänger Jan Delay hinter einem stehen – in Badehose, nur noch an seiner Stimme zu erkennen.
Finkenwerder, baederland.de

5. Oberhafenquartier Steffi Hentschke

KREATIVER FREIRAUM wird in der Großstadt schnell unbezahlbar. Im Oberhafenquartier, einem ehemaligen Güterbahnhof zwischen Großmarkt und ICE-Trasse, haben sich Künstler und Kulturschaffende eine Art Mini-Berlin mitten in der Hansestadt geschaffen. Kultur aber braucht Unterstützung, um zu überleben. Wenn etwa die »Hanseatische Materialverwaltung« – in Hamburg die zentrale Anlaufstelle für Requisiten und Bühnenbilder (auch für Privatleute geöffnet) – im Sommer ihren beliebten Flohmarkt veranstaltet, müssen nicht nur die privaten Anbieter Standgebühr, sondern auch die Besucher Eintritt zahlen. Ein Beitrag für die Szene, der gering genug ist, um sich nach dem Bummel einen Imbiss im »Hobenköök« (Hafenküche), dem Restaurant in einer alten Lagerhalle, oder in der altehrwürdigen »Oberhafenkantine« zu leisten.
HafenCity, der-oberhafen.de

6. Ponton, Entenwerder Katja Senjor

SCHON WIEDER EINE JACHT, DIE AUFDREHT. Flatternde Haare, Sonnenbrille, Oben-ohne-Kapitän, keine 20 Jahre alt. Es gibt wenige Orte an der Elbe, wo schöne Menschen mit schönen Motorbooten eine solche Show abziehen. Vor der »Strandperle« in Oevelgönne zum Beispiel. Oder eben hier vor »Entenwerder 1« in Rothenburgsort. Ausgerechnet im Osten Hamburgs, wo die Stadt noch in Autohöfe, Kraftwerke und →

Gesellige Runde: In der Teestube »Lühmanns« locken köstliche Kuchen (l.). Einsame Spitze: Im Loki-Schmidt-Garten gedeihen Wüstengärten unter Glaspyramiden

Becken mit Aussicht: Am Freibad Finkenwerder ziehen große Pötte zum Winken nah vorüber. Markthalle mit Mehrwert: In der »Hobenköök« werden regionale Lebensmittel verkauft

Als würde man gleich samt Kaffee, Kuchen und Bier unter pinkfarbener Flagge ablegen: Das Café »Entenwerder 1« liegt auf einem Ponton in der Norderelbe, direkt am Elbpark Entenwerder

Cool, aber nicht unterkühlt: Die Sammlung Falckenberg zeigt zeitgenössische Kunst in einer umgebauten, ehemaligen Gummifabrik in Harburg

Import-Export-Flächen zerfleddert, entstand auf einem Ponton am Elbufer einer der coolsten Orte, um am Fluss mit einem Bier in der Hand in den Sonnenuntergang zu blinzeln. Thomas Friese, Hamburger Modedesigner (Thomas I Punkt), eröffnete 2015 die schwimmende Cafébar. Retroklappstühle, altes Kaffeehausmobiliar, Sonnenschirme verteilen sich zwischen zwei Containern, daneben thront ein goldener Pavillon, ein 16 Meter hoher und 10 Meter langer Kubus, den man besteigen kann. Der umtriebige Friese hatte das Kunstwerk 2007 vor der Schrottpresse gesichert. Für Rothenburger Kinder betreibt er vor »Entenwerder 1« auch eine Segelschule. Die Optimistenflotte rauscht vorbei. Wer Riesencontainerschiffe sehen will, der muss nach Oevelgönne fahren. Alle anderen sind in Entenwerder deutlich besser aufgehoben.
Rothenburgsort, cafeentenwerder1.foodpearl.com

7. Grüner Ring Margitta Schulze Lohoff

WENN ICH EINE STADT ENTDECKEN WILL, muss ich sie mir erlaufen. Will man Hamburg gleichzeitig von einer unbekannten und seiner grünen Seite kennenlernen, kann man sogar sehr weit laufen – über den sogenannten Grünen Ring. Der Weg beginnt im Westen am Fähranleger Teufelsbrück, verläuft im Norden unterhalb des Flughafens, quert im Osten die Wandse und den Öjendorfer Park und führt im Süden in den Harburger Stadtpark. Die 100 Kilometer sind als Fahrradweg ausgezeichnet, eignen sich – in acht Einzeletappen – aber auch prima als Wanderung im Grünen. Meine Lieblingsstrecke startet auf dem gigantischen Friedhof Ohlsdorf. Ich studiere Namen aus vergangenen Zeiten auf den Grabsteinen und laufe weiter Richtung Bramfelder See, wo auf einer Insel eine riesige Graureiherkolonie brütet. Nach insgesamt rund 14 Kilometern habe ich etliche Bäche, Flüsse und Seen passiert, Kormorane und Eisvögel beobachtet und Hamburgs berühmte Wasserläufe Alster und Elbe längst vergessen.
Ohlsdorf, hamburg.de/wandern-im-gruenen

8. Sammlung Falckenberg Kirsten Bertrand

»UNFALLSTATION« steht auf dem grünen Leuchtschild über dem Eingang, und wer zum ersten Mal vor der früheren Fabrikhalle der Phoenix-Gummiwerke in Harburg steht, könnte kurz zweifeln, ob er hier richtig ist. Aber dann öffnet sich eine schwarze Tür, und dahinter tut sich eine weite, weiße Halle auf: fünf Etagen, 6000 Quadratmeter denkmalgeschützte Industriearchitektur, breite Gänge, Treppen wie Kaskaden, meterdicke Wände und Säulen. Ein Tempel für die Kunst. Man kommt – außer an jedem ersten Sonntag im Monat – nur mit Führung in dieses einzigartige Museum. Gut 90 Minuten hat man Zeit, sich auf den Kunstgeschmack von Unternehmer Harald Falckenberg einzulassen, der mittlerweile einen Schatz von rund 2400 Werken gesammelt hat, oft großformatige Installationen von Künstlern wie Jonathan Meese, Raymond Pettibon, Hanne Darboven oder Ralf Ziervogel. Am Ende der Tour weiß man nicht genau, was beeindruckender war: die Kunst oder dieser Ort? Aber da hat sich die schwarze Tür hinter einem schon wieder geschlossen.
Harburg, sammlung-falckenberg.de

9. 28 Grad Strandbad Wedel Ruth Hoffmann

GENAU GENOMMEN IST WEDEL natürlich nicht mehr Hamburg, sondern Schleswig-Holstein. Dass es trotzdem dazugehört, merkt man am »Willkomm Höft« – der Schiffsbegrüßungsanlage an der Elbe, wo über Lautsprecher jedem größeren Pott, der in Hamburg einläuft, die jeweilige Nationalhymne und ein »Willkommen in Hamburg!« entgegengescheppert wird. Ausfahrende Schiffe werden mit »Muss i denn, muss i denn zum Städtele hinaus ...« verabschiedet. Schön ist es hier, und wunderbar nostalgisch. Ein Stückchen weiter liegt die Strandbar »28 Grad« mit hübscher Terrasse direkt am Wasser. Aperol Spritz und Pizza bestellen, in die Sonne blinzeln und die nahe Großstadt vergessen. Anschließend sich an den von dichten Büschen umstandenen Elbstrand legen und alle Sightseeing-Pläne endgültig sausen lassen. Danke, Wedel!
Wedel, 28grad.com

10. Bunthäuser Spitze Katja Senjor

ES IST DIESES GERÄUSCH. Weiden und Linden ächzen im lauen Sommerwind. Ich sitze an einem Biertisch unter den Bäumen, bestelle Bratkartoffeln und Matjes. Mein Rad lehnt an einem Stamm. Buchfinken zwitschern, vom Fluss trötet ein Schiff, ein kurzer Weg führt zum hölzernen Leuchtturm von 1914. Vor 30 Minuten war ich noch am Michel, bin durch den alten Elbtunnel geradelt, habe den Hafen durchquert, bin an den Deichen die Felder entlanggefahren. Bis es nicht mehr weiterging. An der Bunthäuser Spitze teilt sich die Elbe in Süder- und Norderelbe. Zwischen alten Backsteinhäuschen, Bäumen und Wiesen entstand hier vor ein paar Jahren einer der schönsten Wohnmobilstellplätze Hamburgs, teilweise stehen die Camper direkt am Wasser. Und seit Lars Michelsen seine gemütliche Gaststätte »Bunthaus« eröffnete, ist die Spitze für mich der schönste Platz der Stadt. Ganz weit weg. Und so wahnsinnig nah.
Wilhelmsburg, elbepark-bunthaus.de

11. Im Waldkorb Margitta Schulze Lohoff

MANCHMAL MUSS ICH RAUS AUS DER STADT. Um das Rascheln von Laub zu hören und das Zwitschern von Vögeln. Ich fahre dann in den Sachsenwald. Zugegeben, der liegt in Schleswig-Holstein. Kaiser Wilhelm I. schenkte den Forst einst Otto von Bismarck, als Dank für dessen Verdienste um die Reichsgründung 1871. An schönen Tagen kann es auf den Wanderwegen recht trubelig zugehen. Wer wie ich Stille sucht, der mietet den Waldkorb. Ein paar Hundert Meter vom »Forsthaus Friedrichsruh« entfernt, thront auf einer Lichtung ein Holzpodest, darauf: eine Art Strandkorb, der sich zum Doppelbett ausstreckt. Hier nächtigt man bei bestem Wetter unter freiem Himmel (bei Regen schließt man das Dach), schaut in den Sternenhimmel oder mit dem Nachtsichtgerät den Rehen beim Grasen zu und hat, wovon man sonst nur träumt: himmlische Ruh.
Friedrichsruh, waldkorb.de, 110 € pro Nacht

12. Wasserkunst Elbinsel Kaltehofe

Steffi Hentschke

IM JAHR 1893 nahm Hamburg auf einer Elbinsel sein erstes Wasserfiltrierwerk in Betrieb. Fast 100 Jahre lief die Anlage mit ihren fast zwei Dutzend Filterbecken, dann wurde sie stillgelegt. Heute kümmert sich die Stiftung Wasserkunst Elbinsel Kaltehofe um das weitläufige Gelände. In der alten Villa sitzt man gemütlich im Café, oder man spaziert zwischen Kunstwerken, Becken und alten »Schieberhäuschen«, die von außen wie Miniatur-Kapellen aussehen und einst Schaltstellen für den Zu- und Ablauf des Wassers waren. Außerdem werden Führungen über den Naturpfad angeboten. Die alten Becken sind heute lebendige Biotope, in denen sogar ein Biber leben soll.
Rothenburgsort, wasserkunst-hamburg.de

GEO SPECIAL Vorteilsabo

Mitmachen und Gutes bewirken!

GEO SCHÜTZT DEN REGENWALD e.V.

1. GEO-Baumspende

GEO pflanzt für Sie im Rahmen des Vereins „GEO schützt den Regenwald e.V.“ einen Baum in der Regenwaldregion in Ecuador. Damit helfen Sie der Natur und den Menschen einfach und direkt! Die Baumspende erfolgt automatisch durch Ihre Bestellung und wird nicht verschickt. Mehr unter www.regenwald.de

Ohne Zuzahlung

2. GEO SPECIAL-Bestseller
Insiderwissen für Ihre nächste Reise.
- Zwei besonders beliebte GEO SPECIAL-Ausgaben
- Themen: „Mallorca" und „Thailand"

Ohne Zuzahlung

3. Amazon.de-Gutschein, Wert: 10,– €
Gutschein für die nächste Online-Shopping-Tour.
- Riesige Auswahl, täglich neue Angebote
- Technik, Bücher, DVDs, CDs u.v.m.

Ohne Zuzahlung

JETZT BESTELLEN!

4. Soulbottle „You're right"
Umweltbewusst und plastikfrei trinken.
- Cooles und individuelles Design
- Material: Glas, Keramik, Edelstahl und Naturkautschuk
- Fassungsvermögen: ca. 0,6 l

Zuzahlung: nur 1,– €

5. Kurierrucksack „Companion"
Das Leichtgewicht bringt alles unter.
- Mit vielen Fächern für mehr Schutz
- Farbe: navy
- Maße: ca. 28,5 x 56 x 13,5 cm

Zuzahlung: nur 1,– €

1 Jahr GEO SPECIAL für zzt. nur 59,40 € (inkl. MwSt. und Versand) bestellen unter:

kundenservice@dpv.de
Einfach ausgefüllte Karte einsenden oder mit Smartphone fotografieren und per E-Mail verschicken.

+49 (0) 40 / 55 55 89 90
Bitte immer die Bestell-Nr. angeben: selbst lesen 183 8500 / verschenken 183 8501 / als Student lesen (exkl. Prämie) 183 8502

www.geo-special.de/abo
Online noch weitere tolle Angebote entdecken.

Heute ist sie der größte zusammenhängende Lagerhauskomplex der Welt und UNESCO-Weltkulturerbe. Bei ihrer feierlichen Eröffnung im Jahr 1888 war die **Speicherstadt** vor allem eines: Symbol für den ungebrochenen hanseatischen Kaufmannsstolz

TEXT **Frank Otto, Martin Paetsch, Joachim Telgenbüscher**

EINE Festung

Die Speicherstadt um 1900. Die Lagerhäuser grenzen unmittelbar an Kanäle, sogenannte Fleete, auf denen Lastkähne die Waren aus dem Hafen direkt bis an die Ladeluken liefern können

FÜR DEN HANDEL

Um Platz für die
neue Speicherstadt
zu schaffen, ließ der
Senat ein ganzes,
eng bebautes Viertel
abreißen. 24000
Menschen verloren
ihr Zuhause

HANDEL

BRINGT **Wandel** UND NOT

M

IT EINEM SILBERNEN HAMMER in der Hand steht Seine Majestät Wilhelm II. an dem prachtvoll geschmückten Portal der Brooksbrücke, die von Hamburgs Altstadt in den Hafen führt. Fahnen wehen von dem neugotischen Bauwerk, an seinen Türmen hängen Girlanden und Kränze aus Tannengrün. Die zwei Bürgermeister der Stadt und die Vorsitzenden der Baudeputation umringen den 29-jährigen Kaiser, der erst seit gut vier Monaten regiert. Weiter hinten leuchtet der prachtvolle Baldachin der Kaisertribüne, flankiert von den Sitzreihen für weitere Ehrengäste, Zehntausende Bürger säumen das Elbufer und die umliegenden Straßen.

29. Oktober 1888. Wilhelm II. ist in die Hansemetropole gekommen, um einen beispiellosen

Am 29. Oktober 1888 weiht Kaiser Wilhelm II. den ersten Abschnitt der Speicherstadt ein. Die Brooksbrücke, das Tor zum Freihafen, ist mit Kränzen und Fahnen geschmückt

Neubau einzuweihen. Ein ganzes Stadtviertel hat der Senat am Ufer des Flusses abreißen lassen, um an dessen Stelle einen Komplex aus Lagerhäusern zu errichten: die Speicherstadt. Auf mehreren Inseln in der Elbe bildet es mitten in Hamburg eine Welt für sich.

In fast geschlossenen Reihen ziehen sich neun Gebäudeblöcke aus Backstein über eine Länge von etwa 600 Metern. Die meist sechsgeschossigen Lagerhäuser erinnern mit ihren Giebeln und Türmen an eine mittelalterliche Trutzburg: Mit der Speicherstadt haben sich die Hamburger eine Festung geschaffen, in der sie ihre Geschäfte ungestört von der Außenwelt abwickeln können.

Die Brooksbrücke, der wichtigste Zugang zu dieser Bastion des Handels, bildet an diesem Tag den Mittelpunkt des Festaktes. Hier, am Tor zur Speicherstadt, wird der Kaiser den symbolischen Schlussstein setzen. Dreimal klopft Wilhelm II. mit dem silbernen Hammer gegen den Stein und ruft: »Zur Ehre Gottes, zum Besten des Vaterlandes, zu Hamburgs Wohl.«

Mit diesen drei Schlägen demonstriert er zudem, dass die Hansestadt nun endgültig Teil des Kaiserreichs ist. Kurz zuvor ist Hamburg in das deutsche Zollgebiet aufgenommen worden und damit auch ökonomisch mit dem Rest des Landes verschmolzen. Kaiser Wilhelm besiegelt diese historische Vereinigung. Doch ob die wirklich zu ihrem Wohl ist, daran haben die Hamburger lange gezweifelt.

Der Beitritt zum deutschen Zollgebiet ist ein Schritt, zu dem sich der Senat erst unter größtem Druck durch den Reichskanzler Otto von Bismarck bereit erklärt hat. Denn Hamburg verdankt seinen Wohlstand dem Handel mit Übersee. Über Jahrhunderte haben sich die Kaufleute und Regierenden hier gegen alle Versuche deutscher Monarchen gewehrt, in dieses lukrative Geschäft einzugreifen – vor allem dagegen, hohe Zölle zu erheben.

Die Stadt an der Elbe ist der zweitgrößte Hafen Europas – übertroffen nur von London. Zur englischen Metropole unterhalten Hamburgs Kaufleute weitaus engere Handelsbeziehungen als zu ihren deutschen Nachbarn. Doch ihre Geschäfte sind keineswegs auf Europa beschränkt. Aus Süd- und Mittelamerika führen sie zum Beispiel Kakao und Kaffee, Tabak, Baumwolle und Kautschuk ein: für den deutschen Markt, aber auch zum Weiterverkauf in andere Länder. Ein regelmäßiger Schiffsverkehr verbindet Hamburg mit vielen Teilen der Welt, so seit 1851 mit Australien.

Dieser Quell des Reichtums, da sind sich die hanseatischen Eliten weitgehend einig, darf nicht durch hohe Zölle und langwierige Kontrollen der Wareneinfuhr abgeschnürt werden. Der Handel »wird am besten gedeihen, wenn man ihn ungestört seinen Gang gehen lässt«, erklärt der Hamburger

Senator Gustav Heinrich Kirchenpauer 1847. Zur Mitte des 19. Jahrhunderts ist ein Großteil des Stadtgebietes Freihandelszone: Wer ausländische Waren nach Hamburg bringt oder Güter von dort aus ausführt, muss dafür gar keinen oder nur geringen Zoll entrichten.

Davon profitieren unter anderem jene Kaufleute, die sich auf das Geschäft mit Kakao oder Kaffee aus Übersee spezialisiert haben: Sie dürfen die Rohbohnen in der Hansestadt zollfrei lagern, verarbeiten und anschließend ins europäische Ausland exportieren. Dort können sie die Ware besonders günstig anbieten, weil sie in Hamburg, anders als Kaufleute anderswo, praktisch keine Abgaben leisten müssen.

Auch den Betreibern der Werften kommt die Zollfreiheit zugute: Hochseeschiffe können in Hamburg in Reparatur gehen, ohne zuvor wegen der Waren an Bord zeitraubende Einfuhrkontrollen zu durchlaufen. Die Gefährte sind daher schneller wieder einsatzbereit. Am Freihandel hängt das wirtschaftliche Überleben Hamburgs – davon sind zumindest viele Angehörige seiner Elite überzeugt.

Als Deutschlands mächtigster Teilstaat Preußen im Jahr 1867 aus dem ursprünglich als Militärbündnis gegründeten Norddeutschen Bund den Vorläufer eines deutschen Nationalstaates schmiedet, tritt die Elbmetropole zwar der Föderation bei und verliert dadurch ihre politische und militärische Eigenständigkeit. Doch ihren Status als nahezu zollfreies Gebiet verteidigt sie erbittert.

Den muss ihr Preußens Regierungschef Otto von Bismarck zugestehen, um den wichtigsten deutschen Hafen überhaupt zum Anschluss an seinen Bund bewegen zu können. Vier Jahre später geht der Norddeutsche Bund im Deutschen Kaiserreich auf – und abermals beharrt Hamburg auf seiner zollpolitischen Autonomie.

Ebenso wie das kleinere Bremen lässt es sich in der Verfassung eine Sonderstellung festschreiben: Die beiden Hansestädte bleiben demnach »als Freihäfen außerhalb der gemeinschaftlichen Zollgrenze, bis sie ihren Einschluss in dieselbe beantragen«. Die Regelung gilt auch für Teile des Hamburger Umlandes, etwa das benachbarte Altona, das offiziell zu Preußen gehört.

Das Ergebnis ist ein Kuriosum: In dem unter preußischer Führung geeinten Deutschen Reich gibt es gleichsam zwei Inseln, die zollrechtlich zum Ausland gehören und deren Zollgrenzen mit Preußen und dem Großherzogtum Oldenburg streng kontrolliert werden.

Bismarck, der Architekt der deutschen Einheit, akzeptiert die Sonderrolle Hamburgs nur für wenige Jahre. Denn schon ab 1873 endet der ökonomische Aufschwung des Deutschen Reichs in einem scharfen konjunkturellen Einbruch. Um fortan die heimische Landwirtschaft vor billigerem Getreide aus den USA und die aufstrebende →

Arbeiter treiben mit Dampframmen insgesamt 3,5 Millionen Eichenpfähle in den sumpfigen Grund – das Fundament, auf dem die Speicherstadt bis heute ruht

Schwerindustrie vor Importmaschinen aus Großbritannien zu schützen, fordern Bauern und Fabrikanten nun die Steigerung der Zölle für diese Produkte: Die Aufschläge sollen die aus dem Ausland eingeführten Güter verteuern und den deutschen Produkten so einen Wettbewerbsvorteil verschaffen.

Bismarck kommt der Ruf nach höheren Einfuhrzöllen gelegen: Seine Regierung kann die Einnahmen gut gebrauchen. Und so werden viele landwirtschaftliche und industrielle Güter mit Importabgaben belegt; der Satz auf Roheisen etwa beträgt rund 17 Prozent.

Auf einen Schlag sind damit die Preise, die in Hamburg für eine Ware bezahlt werden müssen, erheblich niedriger als etwa die im südlich der Elbe gelegenen Harburg. Dieses Gefälle ist ein großer Anreiz für Schmuggler, die an der kaum vollständig zu überwachenden Grenze ein bedrohliches Schlupfloch in Bismarcks Zollmauer schlagen könnten.

Auch deshalb drängt der Reichskanzler nun immer stärker auf einen Anschluss Hamburgs an das deutsche Zollgebiet. Die Stadtregierung weist die Aufforderung aus Berlin zurück. Das allerdings will Bismarck nicht hinnehmen: Er droht, das preußische Altona, das bislang zur Freihandelszone gehört, in das deutsche Zollgebiet einzugliedern.

Die Hamburger sind entsetzt: Ihre Metropole ist inzwischen eng mit Altona verwachsen, viele Kaufleute unterhalten in beiden Städten Speicheranlagen. Eine Zollgrenze würde das Geschäftsleben empfindlich treffen. Daher bemüht sich der Senat nun in geheimen Verhandlungen mit Preußen um eine Annäherung – und kann trotz der Übermacht Berlins einen sehr günstigen Kompromiss erzielen: Dafür, dass die Hansestadt einwilligt, dem deutschen Zollgebiet beizutreten, behält sie ihre Freihandelszone, in der Händler Waren zollfrei lagern und verarbeiten können. Zudem erklärt sich das Reich bereit, mit 40 Millionen Mark (nach heutigem Wert mehr als eine halbe Milliarde Euro) den Bau eines Lagerhauskomplexes auf dem Gelände eines neu zu schaffenden Freihafens zu unterstüt-

Arbeiter auf einem Holzgerüst für eine Brücke über das Nikolaifleet. Mehr als ein Dutzend Brücken führen über die neuen oder erweiterten Wasserwege durch die Speicherstadt

zen. Die Kosten des Bauprojekts werden sich auf rund 113 Millionen Mark belaufen; private Investoren bringen einen Großteil des Geldes auf.

Im Frühjahr 1883 einigt sich die Bürgerschaft auf einen Masterplan für das neue Handelsquartier: Die Lagerhäuser sollen in direkter Nähe zum Stadtzentrum entstehen, auf den Brookinseln.

Die Eilande in der Elbe sind allerdings schon seit Jahrhunderten dicht besiedelt. Dort stehen historisch wertvolle Kaufmannshäuser aus der Barockzeit; aber auch viele Hafenarbeiter haben auf den Inseln eine Unterkunft gefunden. Bereits im November 1883 erhalten Tausende Mieter die Kündigung. Noch im selben Monat beginnt der Abriss. Viele Kaufleute sind da längst in neue Villen etwa an der Außenalster gezogen. Vom Senat erhalten sie zudem Entschädigungen. Die Armen dagegen müssen sich innerhalb weniger Tage eine neue Bleibe suchen – die Stadt hat keinerlei Vorkehrungen für ihre Umsiedlung getroffen. Insgesamt werden 24 000 Menschen vertrieben.

VIELE DIESER PLÖTZLICH OBDACHLOSEN LOHNARBEITER, Packer, Schauerleute und Ewerführer, zieht es in die Vorstädte wie Barmbek oder Winterhude – ein schlechter Tausch: Fortan zahlen sie höhere Mieten und müssen darüber hinaus täglich bis zu anderthalb Stunden durch die Nacht marschieren, um den Hafen in den frühen Morgenstunden zu erreichen und mit Glück eine Beschäftigung als Tagelöhner zu finden. Viele versuchen, in den ohnehin schon überfüllten Gängevierteln in der Innenstadt unterzukommen. Den wirklichen Preis für die Pracht der Speicherstadt zahlen also die Ärmsten unter Hamburgs Einwohnern.

Frühjahr 1885. Über die Brookinseln hallt das Dröhnen riesiger Dampframmen: Bis zu zwölf Meter lange Eichenstämme hämmern die Maschinen in den sumpfigen Grund – als Fundament der Bauten. Am Ende werden es rund 3,5 Millionen Pfähle sein. Die Speicher selbst errichten die Bauherren in Skelettbauweise aus vorgefertigten Stahlträgern. Für die Fassaden verwenden die Architekten ein traditionelles Material, das an die lange Geschichte Hamburgs erinnert: roten Backstein. Ganz nach dem Geschmack des jungen Kaisers soll die Speicherstadt dem trotzigen Stolz des deutschen Mittelalters nacheifern. Erker, Sandsteinfiguren, Ziergiebel und Ornamente aus glasierten Steinen verleihen den Bauten einen historischen Glanz.

Hinter der neugotischen Kulisse aber verbirgt sich ein hochmoderner Logistikkomplex: Auf einer Seite der Speicher liegt ein Kanal, über den Boote die Waren anliefern. Die Winden, mit deren Hilfe die Ballen in die oberen Geschosse gelangen,

Hinter den Mauern des Staatsspeichers liegt auch ein Postamt. Von hier schicken Händler Kaffeeproben ins Reich, ohne dafür Zoll entrichten zu müssen. Heute befindet sich dort, an der Straße Kehrwieder, unter anderem das Miniaturwunderland

müssen die Arbeiter nicht mehr wie früher per Hand bewegen: Sie werden mit Druckwasser angetrieben. Aus Furcht vor Bränden sind zudem sämtliche Lagerräume nicht durch Öl- oder Gaslampen, sondern elektrisch beleuchtet – eine technische Revolution in Hamburg. Auf ihrer Vorderseite grenzen die Speicher an Straßen oder Bahnschienen. Das Niveau der Erdgeschosse ist dabei exakt so gewählt, dass es der Ladeflächenhöhe von Pferdefuhrwerken und Waggons entspricht. Auf diese Weise können die Packer die Waren rascher umschlagen als jemals zuvor.

In Rekordzeit wächst so bis 1927 mitten in Hamburg ein einmaliges Gebäudeensemble heran: eine Stadt in der Stadt, die sogar über Post- und Bankfilialen, eine eigene Feuerwache sowie eine Polizeistation verfügen wird. In der Speicherstadt entsteht eine Welt mit eigenen Regeln und Gesetzen. Eines davon lautet: Sämtliche Beschäftigte haben den Freihafen nach getaner Arbeit wieder zu verlassen. Wo früher ein belebtes Viertel stand, →

Am Sandtorkai ragen die Schlote des Kesselhauses in den Himmel. Hier wird unter anderem Strom für die riesigen Lagerkomplexe erzeugt

darf nun niemand mehr wohnen – nicht einmal Kneipen für die Arbeiter sind in der Speicherstadt erlaubt. Alle Beschäftigten müssen auf ihrem Weg zur Arbeit und wieder zurück mitten in Hamburg eine streng bewachte Grenze passieren. Und wer aus der Speicherstadt (oder von einem Schiff) Waren in die Innenstadt mitbringt, der muss Einfuhrzoll leisten. Jedem, der es dennoch wagt, im Freihafen einen Schluck vom unverzollten Weinbrand zu nehmen oder sich auch nur eine Handvoll Kaffeebohnen in die Tasche zu stecken, droht die Verbannung aus dem Gebiet.

Für die Hamburger Kaufleute ist die neue Regelung ein Segen: Ihre Firmen können nun ungehindert durch Zollvorschriften weiter wachsen. Unter anderem wird die Hansestadt schon bald zum wichtigsten Umschlagplatz für Kaffee auf dem europäischen Festland – ein Großteil der aromatischen Bohnen findet von der Speicherstadt aus Abnehmer.

Doch von Hamburgs Aufstieg zur Weltmetropole, den die Speicherstadt erst ermöglicht, profitieren nicht alle Bürger. Im Gegenteil. Die Not der Arbeiter in den überfüllten Armutsquartieren der Innenstadt verschärft sich sogar noch. Im heißen August 1892 bricht die Cholera in den Gängevierteln aus, wo die Familien auf engstem Raum zusammenleben müssen. Mit Fäkalien verseuchtes Trinkwasser ist die Ursache für die Seuche. 8605 Hamburger sterben. Der aus Berlin angereiste Bakteriologe Robert Koch, einer der Entdecker des Cholera-Erregers, ist von den hygienischen Zuständen entsetzt: »Ich vergesse, dass ich mich in Europa befinde.« Und der Kaiser, der sich knapp vier Jahre zuvor noch von den Hamburgern hat feiern lassen, schimpft auf den »faulen Schlendrian« in der Hansestadt. Die Epidemie gefährdet auch die Wirtschaft. Denn aus Angst vor Ansteckung laufen viele Kapitäne den Hafen nicht mehr an.

Erst jetzt entschließt sich der Senat zur lange überfälligen Sanierung: Ein großer Teil der Gängeviertel wird abgerissen, neue Verkehrsachsen wie die Mönckebergstraße werden angelegt, Wohnblöcke errichtet, und ein Kontorhausviertel wird geschaffen. Erstreckten sich zuvor noch Elendsquartiere über weite Teile der Innenstadt, so wandelt sich Hamburg nun endgültig zu einer modernen Metropole, die immer mehr Leute anzieht. 1890 hatten noch etwa 500 000 Menschen in der Hansestadt gelebt – im Jahr 1912 sind es bereits doppelt so viele. Ab 1906 fährt in Hamburg eine S-Bahn, sechs Jahre später nimmt die U-Bahn den Betrieb auf – nach Berlin die zweite in Deutschland. Selbst unter der Elbe verkehren nun Menschen und Waren: Von 1911 an verbindet ein 450 Meter langer Tunnel die beiden Ufer des Stromes, der erste Unterwassertunnel auf dem europäischen Kontinent.

NUR EINEN GUTEN KILOMETER FLUSSAUFWÄRTS, auf den Brookinseln in der Elbe, erhebt sich jener Bau, mit dem diese Verwandlung 23 Jahre zuvor begonnen hat: eine monumentale Festung aus Backstein, halb Industrieanlage, halb Trutzburg. In ihr haben Hamburger Kaufleute auch in modernen Zeiten ihre Unabhängigkeit bewahrt.

Und selbst heute – nach den Verheerungen des Bombenkrieges, dem Triumph moderner Containerfrachter und der Öffnung der Zollschranken – thront sie noch immer dort als Zeugnis hanseatischen Kaufmannsstolzes. Mit einem Unterschied: Seit der Ernennung zum UNESCO-Kulturerbe im Jahr 2015 ist die Speicherstadt nicht länger nur die Schatzkammer Hamburgs.

Sondern die der ganzen Welt. ◐

Die Ausgabe **GEO *EPOCHE* Panorama »Hamburg«**, aus der dieser Text in gekürzter Form stammt, kann unter *geo.de* bestellt werden (15 €). Im Juni 2019 erscheint außerdem eine Sammlung der besten Hamburg-Geschichten aus GEO*EPOCHE* in der Reihe »GEO*EPOCHE* Kollektion« (13,50 €)

Wellness für einen Oldtimer: Schiffsmechaniker Martin Kosch bessert den Rumpf des über 80 Jahre alten Liegers »Peilmudding« aus

Flexen, lenken, beten

Heimat

MARTIN KOSCH · SVEN STEMMLER · DENISE BRANDT · JÖRN HILLE · ANGELA TITZRATH

Die Dynamik des Hafens lässt sich nicht allein in Bruttoregistertonnen und Containerzahlen bemessen. Was wirklich zählt, sind die Menschen vor Ort: fünf Männer und Frauen und ihre Jobs zwischen dicken Pötten, kleinen Werften und Oasen der Stille

TEXT Christian Heinrich FOTOS Patrick Runte

Hafen

MARTIN KOSCH /// 48 /// SCHIFFSMECHANIKER

EIN RICHTIG ALTER HERR!«, sagt Martin Kosch grinsend, während die große Winde den 112 Jahre alten Schlepper »Heinrich-Ludwig« an Land zieht. Es ist 6.30 Uhr, über Steinwerder, der Insel im Hamburger Hafen, geht gerade die Sonne auf, Kräne schimmern golden. Auf der Werft M. A. Flint werden die Aufgaben für die nächsten Tage verteilt. Martin Kosch hat Lachfalten um die Augen und die gesunde Hautfarbe eines Mannes, der viel an der frischen Luft ist. Seit mehr als 25 Jahren arbeitet er bei M. A. Flint als Schiffbauvorarbeiter, hat Tausende Schiffe auf Vordermann gebracht. Die Werft ist eine der ältesten im Hamburger Hafen; seit 1870 werden hier Schlepper, Barkassen und Tanker repariert.

Meist sieht Kosch schon auf den ersten Blick, was zu tun ist: Bei der »Heinrich-Ludwig« ist das Blech vorn links beschädigt. Die Schraube wird getauscht werden müssen: ein Flügel ist krumm. Und auch einen neuen Anstrich braucht der »alte Herr«. »Erst mal die groben Mängel beseitigen, und am Schluss noch ein bisschen Wellness«, sagt Kosch und lacht. Sein ganzes bisheriges Berufsleben hat er auf derselben Werft verbracht – angesichts der schwierigen Lage der Branche ein seltener Glücksfall. Hier bei M. A. Flint, einem Familienbetrieb, arbeiteten früher 50 Männer, jetzt gibt es nur noch Arbeit für ein Dutzend. Aber bei Kosch ist die »Heinrich-Ludwig« in besten Händen. Bald wird der wohl älteste aktive Hafenschlepper der Welt wieder über die Elbe schippern. Und Martin Kosch darf zufrieden sein. Überall hat er seine Spuren hinterlassen – indem er die Spuren der Zeit beseitigt hat.

MARTIN KOSCHS TIPPS

Planetarium
»In der Kuppel spürt man die Weite des Alls, vom Dach hat man einen herrlichen Ausblick über Hamburg und den Stadtpark.«
Winterhude, planetarium-hamburg.de

Maritimes Museum
»Neun Stockwerke voll spektakulärer Ausstellungsstücke – hier kann man die Geschichte der Schifffahrt im Zeitraffer nacherleben.«
Speicherstadt, imm-hamburg.de

Museumshafen Oevelgönne
»Ein alter Hafen gleich neben dem Elbstrand. Wunderbar zum Entspannen, im Schatten der alten Schiffe kann man sich hier in die Vergangenheit träumen«, sagt Martin Kosch.
Fähranleger Neumühlen, museumshafen-oevelgoenne.de

FREUNDLICHE ÜBERNAHME auf der Elbe vor Blankenese: Sven Stemmler klettert an Bord eines Containerschiffs und betritt die Brücke – er soll das Schiff aus Brasilien das letzte Stück in den Hamburger Hafen lotsen. Der Kapitän begrüßt ihn freundlich; eine halbe Stunde später wird er nervös. »Sind wir nicht zu nahe an der Kaimauer?«, fragt er auf Englisch. Stemmler lächelt: »Keine Sorge, das passt.«

Stemmler weiß, wie sich die Schiffsführer der großen Pötte fühlen: Um Lotse zu werden, musste er erst eine Kapitänsausbildung absolvieren. Vier Jahre war er auf den Ozeanen unterwegs, nun ist er seit 17 Jahren wieder in seiner Heimatstadt und arbeitet als einer von 70 selbstständigen Lotsen. Rund 8700 Seeschiffe, manche bis zu 400 Meter lang, fahren jedes Jahr in den Hamburger Hafen ein. Um die Sicherheit auf der Elbe und in den relativ engen Hafenbecken zu gewährleisten, muss jedes größere Seeschiff einen erfahrenen Nautiker wie Stemmler an Bord lassen. Der Kapitän hat weiter das Kommando – offiziell gibt Stemmler nur Empfehlungen. Weil er sich aber im Hafen nun einmal besser auskennt, mit den Gezeiten, den Strömungen, Tiefe und Breite der Fahrrinne, überlassen ihm die Kapitäne in der Regel das Feld. Auch der Brasilianer steht nur dabei, während Stemmler mit ruhiger Stimme Anweisungen gibt, Radarbild und GPS-Position im Blick hält und per Funk die Schlepper dirigiert, die den Containerriesen in den Hafen manövrieren. Am liebsten aber verlasse er sich auf den direkten Blick von der Brücke und auf die Erfahrung der Schlepperbesatzung, sagt er. Als das Schiff sicher angelegt hat, geht Sven Stemmler von Bord. Und verabschiedet sich von einem ziemlich entspannten Kapitän.

SVEN STEMMLERS TIPPS

Alsterkanäle und Rondeelteich

»Es lohnt sich, die Alsterkanäle vom Wasser aus zu erkunden – sei es beim Stand-up-Paddling oder mit einem Ruderboot von einem der vielen Bootsverleiher. Dabei bekommt man gleich auch seltene Einblicke in Hamburgs Hintergärten.«
Ausgangspunkt z. B. von Bootsvermietung Dornheim, Tel. 040-279 41 84

Jenischpark

»Ein Picknick im Grünen mit Blick auf die Elbe – das gibt es nirgendwo so perfekt wie im wunderschönen Jenischpark.«
Teufelsbrück

Klövensteen

»Im Winter gehe ich am liebsten auf einem Fischteich im Klövensteen, einem Wald im Westen Hamburgs, Schlittschuh laufen. Da findet man immer Mitspieler für ein Eishockeyspiel!«
Rissen

ZOLL

DENISE BRANDT /// 28 /// ZOLLBEAMTIN

WIR KOMMEN UNANGEMELDET, und wir sind viele. Meist rücken wir zu zehnt an, bei richtig großen Schiffen sind wir auch mal 20. Als Teil des Hauptzollamts Hamburg-Hafen suchen wir nach Schmuggelware, vor allem Alkohol, Zigaretten, Kokain. Um das Ladegut selbst kümmert sich eine andere Einheit.

So ein Containerschiff kann viele hundert Meter lang sein, das lässt sich kaum vollständig durchsuchen. Aber wir haben Erfahrung – und ein gewisses Gespür: In der Umkleide oder unter den Planen der Rettungsboote wird oft etwas versteckt. Kokain findet man vor allem in Containern oder in den Hohlräumen eines Schiffes. Deshalb haben wir meist auch Spürhunde dabei. 2017 haben wir einmal 3,8 Tonnen Kokain im Wert von 800 Millionen Euro gefunden! Solche Volltreffer sind natürlich selten, aber in der Woche haben wir immerhin vier bis fünf Funde.

Bei der Arbeit bekomme ich einen Eindruck vom Leben an Bord: Manche Seeleute haben Familienfotos oder einen Talisman an ihrer Koje, manche scheinen nichts Persönliches zu besitzen. Wenn Räume lange nicht genutzt wurden, kann es auch mal eklig werden. Kürzlich habe ich etwas in einer Schublade gefunden, das aussah wie ein vor Jahren geschmiertes Brot. Auf der Brücke dagegen ist meist alles blitzblank. So bildet jedes Schiff verschiedene Welten ab – wie ein kleiner, schwimmender Kontinent. Durch diese Einblicke ist mein Job immer wieder faszinierend. Ich mache das seit vier Jahren und habe mich noch nie gelangweilt.«

DENISE BRANDTS TIPPS

Köhlbrandbrücke
»Was an einer Autobrücke über die Elbe so toll sein soll? Der Bau an sich, die schwindelerregende Aufhängung, die Aussicht. Über die Brücke zu fahren ist zu jeder Tageszeit ein Erlebnis!«
Köhlbrandbrücke

Altonaer Balkon
»›Die Aussicht ist das Beste und ruft: Alles steht bereit‹, heißt es in einem Lied des leider verstorbenen Hamburgers Nils Koppruch. Genau das ist das Gefühl auf dieser Wiese über der Elbe.«
Altona, Palmaille

Wasserlichtspiele
»Wer im Sommer in Hamburg ist, sollte einen Abend für ein Wasserlichtkonzert im Park Planten un Blomen reservieren – ein Fest aus Farben und Musik und noch dazu völlig kostenlos!«
Parksee Planten un Blomen, St. Petersburger Straße, von Mai bis August täglich um 22 Uhr, ab September um 21 Uhr

JÖRN HILLE /// 41 /// SEEMANNSDIAKON

Als evangelischer Diakon arbeiten Sie seit 2017 für die Seemannsmission »Duckdalben« im Hafen, täglich kommen im Schnitt gut 100 Seeleute aus bis zu 20 Ländern zu Ihnen und Ihren Kollegen. Mit welchen Anliegen? Frachter und Containerschiffe liegen mittlerweile höchstens ein, zwei Tage im Hafen, oft sogar nur ein paar Stunden. Da wir mit kostenlosen Bussen gut zu erreichen sind, führt der einzige Landgang vieler Seeleute zu uns. Der eine will nur eine Zahnbürste kaufen, der andere steht vor den Trümmern seiner Ehe und braucht jemanden, der ihm zuhört. Wir müssen alles gleichzeitig sein: Post, Bibliothek, Gebetsraum, Bar. In letzter Zeit nehmen Ängste, Stress und andere psychische Probleme zu, weil die Crews kleiner werden und die Schiffe immer größer.

Unter den Matrosen sind Christen vermutlich eher die Minderheit … Wir haben einen Raum für Gebet und Einkehr. Da gibt es mehrere Nischen, für jede Religion eine – vom Islam über das Christentum bis hin zum Hinduismus und anderen religiösen Vorstellungen.

Geht das denn: so viele Religionen nebeneinander? Man muss sich das mal klarmachen: Matrosen sitzen wochenlang zusammen in einer schaukelnden Blechbüchse – sieben Herkunftsländer, sechs verschiedene Sprachen, fünf verschiedene Religionen. Da wird man ganz schnell tolerant. So viel Verständnis für andere Kulturen und Glaubensvorstellungen wie unter Seeleuten gibt es jedenfalls selten.

JÖRN HILLES TIPPS

St. Gertrudkirche
»Die Kirche gehörte mal zum Fischerdorf Altenwerder, das dem Hafenausbau weichen musste. Ich mag besonders die Gottesdienste auf Plattdeutsch.«
Altenwerder Querweg, kirchesuederelbe.de/altenwerder

Cap San Diego
»Das Museumsschiff mit Bistro unter Deck ist ein toller Aussichtspunkt. Neuerdings hängt zwischen den Masten ein Hochseilgarten.«
Überseebrücke, capsandiego.de

Aussichtspunkt Alter Elbtunnel
»Die Menschenmengen auf den Landungsbrücken, die vorbeifahrenden Schiffe, die in der Sonne blinkende Elbphilharmonie – nirgendwo lässt sich Hamburgs maritimes Treiben so entspannt beobachten wie hier, am Südufer der Elbe.«
Steinwerder

ANGELA TITZRATH /// 52 /// VORSTANDSVORSITZENDE DER HAMBURGER HAFEN UND LOGISTIK AG

WENN DER HAMBURGER HAFEN ein Herz hat, dann schlägt es an den Containerterminals: Tag und Nacht kommen hier Waren aus aller Welt an, Kräne fahren hin und her, hieven beladene Container auf Schiffe und stapeln gelöschte auf selbstfahrende Transporter. Angela Titzrath, hellblondes Haar, offenes Lachen, sitzt in gut 45 Meter Höhe in der Führerkabine einer Containerbrücke und lässt sich vom Fahrer erklären, wie man ein solches Ungetüm steuert. Dabei liegt ihr Arbeitsplatz ganz woanders: Sie ist Vorstandsvorsitzende der Hamburger Hafen und Logistik AG (HHLA), Chefin von rund 5500 Mitarbeitern – und gehört damit zu den wenigen Frauen, die ein börsennotiertes Unternehmen führen. »Ich will verstehen, wie das, was ich verantworte, wirklich funktioniert«, sagt sie. »Dazu muss ich alle Ebenen kennen.«

Das internationale Management-Business kennt Titzrath, die aus dem Ruhrgebiet stammt, bestens: Als Topmanagerin war sie im In- und Ausland für große Firmen tätig, bevor sie 2016 nach Hamburg kam und 2017 den Vorstandsvorsitz der HHLA übernahm – als erste Frau in dieser Position. Drei Terminals betreibt die HHLA im Hafen; Firmentochter Metrans schafft Container mit Güterzügen quer durch Europa. Zudem verwaltet das Unternehmen Immobilien, darunter die Speicherstadt. Entsprechend gefordert ist die HHLA-Chefin: Gespräche mit Reedern, Investorenmeetings, Technikrunden; den digitalen Wandel vorantreiben, Innovation ermöglichen. Und dann ist da noch die Weltpolitik, die in jüngster Zeit verstärkt an die Kaimauer des Hafens schwappt: Der Handelsstreit zwischen China und den USA, der Brexit, die Sanktionen gegen Russland. Doch es läuft gut, die HHLA wuchs auch 2018 in Umsatz und Ergebnis. Und Titzrath selbst hat sich in Hamburg gut eingelebt – »hanseatisch warm« habe man sie aufgenommen. Das zeigt sich auch in ihrer persönlichen Erfolgsbilanz: Ende 2018 wurde Titzraths Vertrag bis 2024 verlängert.

ANGELA TITZRATHS TIPPS

Goedekens Kombüse
»Hier gibt's die besten Fischbrötchen von ganz Hamburg, nein, die besten der ganzen Welt.«
Altona, Große Elbstr. 141 B, goedeken.de

Isemarkt
»Wunderschöner Wochenmarkt direkt unter den Gleisen der U-Bahn-Linie U3. Ob Fisch, Balkonblumen, exotische Gewürze oder selbst gemachte Handschuhe – hier finde ich immer etwas.«
Hoheluftbrücke, Isestr. 1–73, isemarkt.com

„166 Tage im All“

59,00 €

35,00 €

GEO Bildband „Die Erde von oben“

Über viele Jahre hinweg hat der GEO-Fotograf Yann Arthus-Bertrand ein einzigartiges Projekt verfolgt: Er fotografi erte die interessantesten Landschaften und Bauwerke, Dörfer, Städte und Länder der Welt aus geringer Höhe von oben. Das Ergebnis liegt in Buchform vor: Ein außergewöhnlich schönes Porträt unseres Planeten; ein Werk voller überraschender Einblicke in die Kultur und das Leben der Menschen.

Maße: 28,5x36,5 cm, 440 Seiten;
Best.-Nr.: G647200
Preise: 59,00 € (D)/60,70 € (A)/78.90 Fr.(CH)

GEO Buch „Wildlife Fotografien des Jahres, Portfolio 28“

Die besten Naturfotografien des Jahres 2018 Der renommierte, bei Naturfotografen weltweit äußerst begehrte Wettbewerb »Wildlife Photographer of the Year« prämiert herausragende künstlerische Aufnahmen der Natur. Die 100 besten Bilder der Sieger 2018 zeigt dieser Band in hervorragender Qualität mit einem informativen Begleittext, der die Entstehungsumstände spannend beschreibt. Wer sich über die aktuelle Entwicklung der Naturfotografie informieren will, erhält hier meisterhafte Beispiele von Tier- und Landschaftsbildern, die unseren Planeten in seiner ganzen Schönheit und Zerbrechlichkeit zeigen.

Maße: ca. 25x25 cm;
Best.-Nr.: G729241
Preise: 36,00 € (A)/47.90 Fr. (CH)

Coupon einfach ausfüllen, ausschneiden und senden an: GEO Kundenservice, 74569 Blaufelden

GEO-Bestellcoupon – versandkostenfreie Lieferung ab 80,– €!

Ich bestelle folgende Artikel:

Produktbezeichnung	Best.-Nr.	Preis D	Menge
☐ GEO Buch „Portraits – Die Schönheit der Insekten“	G729240	39,99 €	
☐ GEO Buch „166 Tage im All“	G729137	40,00 €	
☐ GEO Buch „Naturwunder der Welt“	G729238	39,95 €	
☐ GEO Buch „Sturmjäger“	G729239	39,99 €	
☐ GEO Bildband „Die Erde von oben“	G647200	59,00 €	
☐ GEO Buch „Wildlife Fotografien des Jahres, Portfolio 28“	G729241	35,00 €	
Gesamtsumme: (zzgl. 3,90 € Versandkosten, versandkostenfreie Lieferung ab einem Bestellwert von 80,00 €)			

Meine persönlichen Angaben: (bitte unbedingt ausfüllen)

Abonnentennummer (wenn vorhanden)

Name I Vorname

Geburtsdatum

Straße I Nummer

PLZ I Wohnort

Telefon

E-Mail

☐ Ja, ich bin damit einverstanden, dass GEO und Gruner+Jahr mich künftig per E-Mail oder Telefon über interessante Medien- und Produktangebote ihrer Marken informieren. Der Nutzung meiner Daten kann ich jederzeit widersprechen.

☐ **Ich zahle per Rechnung**

☐ **Ich zahle bequem per Bankeinzug** (nur in Deutschland möglich)

BIC

IBAN

Bankinstitut

SEPA-Lastschriftmandat: Ich ermächtige die Gruner+Jahr GmbH, Am Baumwall 11, 20459 Hamburg, Gläubiger-Identifikationsnummer DE31ZZZ00000031421, wiederkehrende Zahlungen von meinem Konto mittels Lastschrift einzuziehen. Zugleich weise ich mein Kreditinstitut an, die von der Gruner+Jahr GmbH auf mein Konto gezogenen Lastschriften einzulösen. Die Mandatsreferenz wird mir separat mitgeteilt. **Hinweis:** Ich kann innerhalb von 8 Wochen, beginnend mit dem Belastungsdatum, die Erstattung des belasteten Betrages verlangen. Es gelten dabei die mit meinem Kreditinstitut vereinbarten Bedingungen.

Auslandspreise auf Anfrage.

Widerrufsrecht: Sie können die Bestellung binnen 14 Tagen ohne Angabe von Gründen formlos widerrufen. Die Frist beginnt an dem Tag, an dem Sie die Lieferung erhalten, nicht jedoch vor Erhalt einer Widerrufsbelehrung gemäß den Anforderungen von Art. 246a § 1 Abs. 2 Nr. 1 EGBGB. Zur Wahrung der Frist genügt bereits das rechtzeitige Absenden ihres eindeutig erklärten Entschlusses, die Bestellung zu widerrufen. Sie können hierzu das Widerrufs-Muster aus Anlage 2 zu Art. 246a EGBGB nutzen. Der Widerruf ist zu richten an: GEO Versandservice, 74569 Blaufelden; Telefon:+49(0)40-42236427; Telefax: +49(0)40-42236663; E-Mail: guj@sigloch.de

Datum I Unterschrift

Aktionsnr.: G00161

specialguide

HAMBURG BEI TAG UND NACHT ERLEBEN

Hotels

Sie haben die Wahl: Nächtigen Sie lieber in kleinen Hostels und Hotels, die den Geldbeutel schonen und das Auge erfreuen? Oder sollte es doch ein Palast sein? Vielleicht ein Glasbau mit Blick auf die Alster? Egal wo Sie absteigen – Sie werden schön schlafen

Superbude

Das Hostel im ehemaligen Fernmeldeamt im Schanzenviertel überzeugt mit einem Rundumkonzept: Ein Kiosk am Empfang verkauft Smoothies und Rohkostriegel, an langen Holztischen wird bis mittags gefrühstückt. Die geräumigen Zimmer sind mit alten Lokalzeitungen tapeziert. Hotelier Jörn Hoppe hat sich für seine »Superbude« den richtigen Platz ausgesucht, mitten im Schanzenviertel, wo Leute gern feiern und sich am nächsten Tag gut belüften wollen: mit Joggingrunden durchs Viertel, die jeden Mittwoch um 21 Uhr im Hotel starten – oder auf den Longboards und Fahrrädern, die sich jeder Gast kostenlos ausleihen kann.
Sternschanze, superbude.de, DZ ab 65 €

Mövenpick

Ein Kulturzentrum? Eine Kunstinstallation? Für den ehemals größten Wasserturm Europas hatten die Sternschanzen-Bewohner viele Ideen. Entsprechend groß waren die Proteste, als Mövenpick den verfallenen Riesenturm zum Hotel ausbaute. Die Lage im Viertel hat sich längst beruhigt. Das Hotel, das zwischen den Bäumen des Schanzenparks auf einem Hügel liegt, ist eine echte Schönheit geworden. Ins Foyer fährt man auf langen Förderbändern zum Sound glucksender Wassertropfen. Die 226 Zimmer sind relativ klein, haben aber einen gigantischen Ausblick, der natürlich von der Turmsuite am allerbesten ist. Der geht in alle Himmelsrichtungen.
Sternschanze, movenpick.com, DZ ab 119 €

Tauziehen: Wandkunst im Hostel »Superbude« auf St. Pauli

Hotel Kogge

Die einstige Seemannskaschemme wurde vor einigen Jahren von engagierten St. Paulianern zum Minihotel umgestaltet. Die zwölf Zimmer nahe der Reeperbahn sind winzig, aber sauber, die Retromöbel gehören zum Konzept, genauso wie die Nachbarschaftskneipe im Parterre, die gleichzeitig als Rezeption fungiert. Geduzt wird jeder, abends treten oft DJs oder Bands auf. Leider soll das Hotel im Sommer 2019 geschlossen werden und erst 2022 an einem neuen Platz wieder eröffnen.
St. Pauli, kogge-hamburg.de, DZ ab 50 €

East

Der Chicagoer Architekt Jordan Mozer hat die Ziegelwände des »East«-Hotel bunt ausgeleuchtet, die Halle mit Lampenschirmen ergänzt, die von Boden bis Decke reichen, und das Restaurant mit einer geschwungenen weißen Wand vom Foyer getrennt. Als Designhotel ist das »East« inzwischen preisgekrönt. Und der »East«-Kosmos breitete sich von St. Paulis ehemaliger Eisengießerei in Hamburg aus: Hotelier Christoph Strenger betreibt auch die »Clouds«-Bar in den Tanzenden Türmen nebenan und das »Coast«-Restaurant in der Hafencity.
St. Pauli, east-hamburg.de, DZ ab 109 €

Hotel Hafen Hamburg

Oberhalb der Landungsbrücken thront das große, weiße Gebäude, das im 19. Jahrhundert als Seemannsheim erbaut wurde. Jetzt ist es ein gediegenes Hotel mit Matrosenbildern an den Wänden und etwas spießigen Zimmern, die »Kajüte« oder »Kommandant« heißen. Entschädigt wird man mit einem gigantischen Blick auf den Fluss. Wer zur günstigeren Landseite bucht, sieht die Elbe immerhin von der Frühstücksterrasse – oder von der gläsernen »Tower Bar« in 62 Meter Höhe.
St. Pauli, hotel-hafen-hamburg.de, DZ ab 78 €

Tortue Hotel

Acht Jahre war Hamburg von den Franzosen besetzt. Angeblich residierte Napoleon damals auch in dem Quartier, in dem vor Kurzem →

Nach einem langen Sightseeing-Tag die Beine ausstrecken – auf den Betten des »Sir Nikolai« klappt das bestens

Sir Nikolai

DAS KLEINE, FEINE HOTEL residiert am Nikolaifleet mitten im Katharinenviertel, fußläufig von Speicherstadt und Hafencity. Wer hier eincheckt, wird in einer Bibliothek am Kamin begrüßt, wohnt in edlen Zimmern mit Antiquitäten und goldenem Servierwagen als Minibar und speist im empfehlenswerten Restaurant »Izakaya« im Patio des alten Kontorhauses japanisch oder südamerikanisch. An lauen Sommerabenden, in Hamburg gar nicht so selten, öffnet sich das Dach wie von Zauberhand. Spezialität des Hauses sind auch die »Sir Explore Hamburg«-Aktivitäten, die das Hotel vermittelt: eine Porträtfotosession mit Ivo von Renner oder Schnitzel-Kochschule bei Alexander Tschebull.
Altstadt, sirhotels.com, DZ ab 138 €

(1) Im »Sir Nikolai« wie im Gästezimmer eines Freundes schlafen? (2) Oder im »The George« britischem Lebensstil frönen?

(3) Im »Tortue« speist man in grünen Ledersitzen französische Köstlichkeiten, die in der Küche akkurat angerichtet werden (4)

das elegante Designhotel eröffnet hat: ein palastähnliches, von David Chipperfield gestaltetes Hotel mit Gourmet-Restaurant, Brasserie und Bars, exklusiven Tapeten, Teppichen und Samtvorhängen. Auch wenn kaum jemand den seltsamen Hotelnamen aussprechen kann, steht die Schildkröte *(la tortue)* für die Grundidee des Hauses: langsam machen, sich Zeit nehmen für einen Drink. Oder für den Spaziergang in der nahen Hamburger Innenstadt.
Neustadt, tortue.de, DZ ab 145 €

Das kleine Schwarze

Vor der Tür wachsen Kastanien, Schulkinder hüpfen die Straße entlang: Das Umfeld des Hotels ist so idyllisch wie kosmopolitisch. Hinter dem kleinen, schwarz gestrichenen Wohnhaus haben sich Bettina und Ralph Merz, früher Artdirector und Kostümbildnerin, einen Traum verwirklicht und feiern in allen Räumen des Bed & Breakfast ihre Leidenschaft für Fotografie: mit Fotokunst in den hübschen Zimmern und Ausstellungen im Foyer. Brötchen und Co kommen vom Bioladen um die Ecke. Und in die Innenstadt fährt man mit der nahen U-Bahn nur ein paar Minuten.
Eimsbüttel, das-kleine-schwarze.com, DZ ab 99 €

YoHo

Zehn Gehminuten bis zum Schanzenviertel, das Kaifu-Freibad um die Ecke und die U-Bahn-Station sowieso: Die Lage des »YoHo« in Eimsbüttel ist unschlagbar, und was das Team in dieser weißen Stadtvilla auf die Beine gestellt hat, ist schon seit geraumer Zeit ein Klassiker der Hamburger Hotelszene: unaufgeregte Zimmer mit guten Betten, eine freundliche Rezeption, die nie um Tipps verlegen ist, und das syrische Mazza-Restaurant im Parterre, in dem auch gefrühstückt wird und sich die Nachbarschaft abends für die leckeren arabischen Speisen verabredet.
Eimsbüttel, yoho-hamburg.de, DZ ab 119 €

Frauenhotel Hanseatin

Einen entspannten, ruhigen Ort exklusiv für Frauen schufen die Inhaberinnen dieses Boutiquehotels mitten im Zentrum. Die 13 Zimmer in den kleinen Backsteinhäusern unweit der Laeiszhalle sind gemütlich und mit Hauspantoffeln, Blumenvasen und Wärmflaschen komplett nach den Bedürfnissen der Gäste ausgerichtet. Gefrühstückt wird im pinkfarbenen Salon oder im Garten. Im Bücherregal stehen Werke berühmter Schriftstellerinnen. Und Touren zur Geschichte der Frauen in Hamburg vermittelt die Rezeption.
Neustadt, hotel-hanseatin.de, DZ ab 100 €

Das Feuerschiff

Mehr Hamburg geht eigentlich nicht: Das rote Eisenschiff mit der Lichterkette zwischen den Masten liegt fest vertäut im Hamburger Hafen, geschlafen wird in den sechs alten Originalkabinen, während die Elbe an den Schiffswänden entlanggurgelt. Vom Oberdeck samt Bar und Restaurant schaut man auf Michel und Elbphilharmonie. Einst warnte das 70 Jahre alte Boot »LV 15« mit seinem Leuchtfeuer Seeleute vor der englischen Küste, dann bewahrte Kapitän Wulf Hoffmann das Boot vor der Verschrottung. Dass die Kneipe auch viel von Hamburgern besucht wird und dort hin und wieder Konzerte stattfinden, sollte man wissen. Aber Ohrstöpsel gehören zum Inventar der Kabinen.
Neustadt, das-feuerschiff.de, DZ/F ab 120 €

SIDE Design Hotel

Der Neubau unweit der Innenstadt verschreibt sich dem Puristisch-Minimalistischen: klare Linien, alles da, aber nicht zu viel. Das achtstöckige Atrium bespielt eine Lichtinstallation, in weißen Vasen dekorieren Strelitzien die Rezeption, Zimmer und Foyer strahlen in bunten Farben. Für das Hotel wurde der Mailänder Architekt Matteo Thun gewählt, der auch den 178 Zimmern und Suiten den perfekten Schliff verpasste. Zu empfehlen sind auch die Bar mit Dachterrasse, das Spa samt Pool und das Restaurant, das die besten Steaks der Stadt auf die Teller zaubert.
Neustadt, side-hamburg.de, DZ ab 136 €

Ameron Hotel

Das bislang einzige Übernachtungsquartier in der Hamburger Speicherstadt: ein Vier-Sterne-Haus, das die 192 Zimmer nicht zufällig im 50er-Jahre-Design eingerichtet hat. Das denkmalgeschützte Kallmorgen-Kontorhaus, das für das Hotel aufwendig umgebaut wurde, stammt aus der Zeit. Wo früher Kaffee, Teppiche und Gewürze gehandelt wurden, nächtigt man in luxuriösen Zimmern, in der ehemaligen Kaffeebörse nebenan kann in der »Cantinetta« italienisch gegessen werden. Buchen Sie ein Zimmer mit Speicher-, Fleet- und St.-Katharinen-Kirche-Blick. Eindeutig schöner anzuschauen als die schlichten Fassaden der Hafencity auf der anderen Seite.
Hafencity, ameronhotels.com, DZ ab 97 €

JUFA Hafencity

Auf Jugend und Familien spezialisiert hat sich die großen Hotelgruppe aus der Steiermark, die mitten in der Hafencity ein neues modernes Haus eröffnet hat. An der Rezeption grüßt ein hölzerner Kapitän, in großzügigen Spielzimmern toben die Kinder auf Piratenschiffen herum, und vor dem großen Haus kann auf einem wunderschönen öffentlichen Spielplatz auch draußen geklettert werden. Kinder sollte man schon dabeihaben, wenn man hier übernachtet. Aber auch Eltern kommen auf ihre Kosten: dank hübscher Designmöbel, der unschlagbaren Lage und eines Buggy-Verleihs.
Hafencity, jufa.eu, DZ/F ab 139 €

The Westin

Während die Gastronomie der Elbphilharmonie Bier und Burger auftischt und wenig Glanzvolles zum berühmten Prachtbau an der Elbe beiträgt, tut das »Westin« genau das Gegenteil: erlesener Service, bodentiefe Fenster, ausgezeichnetes Frühstück, Bar und Restaurant mit hohen Ansprüchen. Den gigantischen Elbblick kann allerdings nicht jeder genießen. Die Zimmer Richtung Atrium sind weniger zu empfehlen.
Hafencity, marriott.de, DZ ab 162 €

Hotel du Nord Alster

Auf der Uhlenhorst wohnt die bessere Hälfte Hamburgs, die Shops sind hochpreisig, die Straßen grün, zur Alster läuft man nur →

FRITZ IM PYJAMA

»Fritz« wohnt im ersten Stock des Altbaus am Sternschanzen-Bahnhof. Der unscheinbare Eingang liegt zwischen Bäckerei und Falafel-Laden. Die 17 Zimmer (manche mit Balkon) des Boutiquehotels sind ganz unterschiedlich: ein Stilmix aus Nierentischchen, Design-Klassikern und schrillen Tapeten. Frühstück gibt's auf Bestellung und wird beim Bäcker nebenan geholt. Hotelier Stephan Behrmann betreibt inzwischen zwei weitere Hotels in der Nähe, aber das Urhaus ist immer noch das beste.
Sternschanze, fritz-im-pyjama.de, DZ ab 79 €

Das neue Luxushotel »The Fontenay« liegt direkt an der Alster

ein paar Schritte. Das neue Hotel von Sasa Trifkovic und Reik Holst richtet sich in Design und Stil an japanische Geschäftsreisende, von denen es in Hamburg einige gibt, aber die minimalistisch eingerichteten Zimmer, die Lage und ganz besonders das leckere Frühstück (Omelett, Pfälzer Leberwurst, Ziegenkäse und viele unterschiedliche Müslivariationen) machen das Haus zum Ziel für Urlauber, die es gern etwas ruhiger wollen.
Uhlenhorst, hoteldunord-alster.de, DZ ab 107 €

The Fontenay
Das beste Luxushotel Hamburgs wollte Klaus-Michael Kühne schaffen, umtriebiger Logistik-Milliardär und Mäzen des Hamburger Fußballvereins HSV, der das »Fontenay« 2017 eröffnete. Ein Volltreffer. Die wellenförmige Fassade aus Glas fügt sich perfekt in den kleinen Park direkt am Alsterufer ein, das Personal ist herzlich, schon das Foyer besticht mit seinen Atrium-Dimensionen, Hightech auf den Zimmern, und überall hängt Kunst. Auf dem Dach betören Spa und Infinity-Pool und die Bar mit Blick über die Lichter der Stadt. Dass das Ganze seinen Preis hat, versteht sich.
Rotherbaum, thefontenay.de, DZ ab 280 €

Hotel Volksschule
Wer behauptet, dass man in der Schule nicht schlafen darf, hat dieses Hotel noch nicht besucht. Das riesige Backsteinhaus aus dem 19. Jahrhundert im ruhigen Hamm erinnert mit seinen breiten, langen Gängen und grau-braunen Sofastühlen an ein elitäres Internat. Sogar die Beschilderung im Hotel erfolgt auf Schultafeln. Der einzige Unterschied: Statt ödem Unterricht steht in großen Zimmern zwischen Eames-Sesseln und bequemen Betten Entspannung auf dem Programm.
Hamm, hotel-volksschule.de, DZ/F ab 68 €

Von Deska Townhouses
Von austauschbaren Hotels auf ihren Geschäftsreisen hatte Karin Siegle-Kvarnström die Nase voll. Sie wandelte zwei Häuser im Villenviertel Rotherbaum/Harvestehude mit Terrasse und Garten zu gemütlichen Boarding-Houses um. Langzeitmieter wissen die großzügigen Apartments mit Parkett und hellen Möbeln, den Frühstücks- und Wäscheservice, den nach Wunsch gefüllten Kühlschrank und die Sauna im Garten zu schätzen. Das Angebot richtet sich aber auch an Kurzzeiturlauber, die gern nach Hause kommen und zwischen üppigen Rosenbüschen auf der Terrrasse auch mal ein Buch lesen wollen.
Rotherbaum/Harvestehude, vondeska-townhouses.de, DZ ab 155 € (Sauna im »Ivy House«)

Gastwerk Hotel
Dieses Backsteinhaus in Bahrenfeld diente früher dem Gaswerk als Kohlelager, war dann Futtermittelfabrik. 1994 kaufte eine Investorengruppe das heute denkmalgeschützte Haus. Moderne Sachlichkeit, minimalistisches Design und das ausgezeichnete Restaurant »Mangold« holte der Hamburger Hotel-Visionär Kai Hollmann (»25hours«, »The George«) in die alte Industriehalle. Er erhielt so viel wie möglich vom rauen Charme, die Ziegelwände und Eisenträger, die alten Balken, das lichtdurchflutete Riesenfoyer. Dazu gehört auch, dass die imposante Uhr über der Rezeption auf fünf vor zwölf stehen geblieben ist. Danach brachen hier neue Zeiten an.
Bahrenfeld, gastwerk.com, DZ ab 115 €

Hotel Louis C. Jacob
Das »Louis C. Jacob« blickt auf eine mehr als 200-jährige Geschichte zurück. Hoch am Elbhang (teilweise mit sensationellem Flussblick) residiert man im Fünf-Sterne-Hotel in schlichten, edlen Holzmöbeln hinter alten Holzfenstern, lümmelt in Ohrensesseln auf Orientteppichen und wird von Personal, Bar und Küche auf allerhöchstem Niveau verwöhnt. Die Zimmer im modernen Anbau sind etwas geräumiger, atmen aber nicht ganz so viel Geschichte. Das tut die »Lindenterrasse« umso mehr.
Nienstedten, hotel-jacob.de, DZ ab 174 €

Landhaus Flottbek
Fast wie auf dem Land fühlt man sich in diesem Hotel: gewohnt wird unter Reet, Holzbänke stehen vor dem altehrwürdigen Gebäude, wilder Wein überwuchert die Backsteinfassade. Das Hotel im ehemaligen Bauernhof und Stall des Hamburger Poloclubs wurde vor Kurzem renoviert, der rustikale Stil mit viel neuem Design veredelt, in Brasserie und Bar zog *hygge* mit neuem Konzept ein, gehobene Landhausküche mit Carpaccio vom Weiderind, Wiener Schnitzel und vielen vegetarischen Gerichten. Das Hotel liegt zwar zehn Kilometer westlich des Zentrums, besticht aber durch die Nähe zu Loki-Schmidt-Garten, Jenischpark und Elbe.
Groß Flottbek, landhaus-flottbek.de, DZ ab 98 €

The George
Es gibt hier so viele Lieblingsplätze: die schweren Lederfauteuils in der »Library«, das Restaurant mit den üppigen Kanapees und Scones zum »High Tea«, die Holztische mit Alsterweitblick in der Rooftop-Bar, die üppig ausgestatteten Zimmer mit den guten Betten und den Eames-Schaukelstühlen. »The George« hat sich mit Haut und Haar dem britischen Lebensstil verschrieben, den auch die Nachbarn zu schätzen wissen.
St. Georg, thegeorge-hotel-de, DZ ab 112 €

TEXTE: MELANIE RAIDL, MATS HOUCKEN

FOTOVERMERKE

nach Seiten. Anordnung im Layout: l. = links, r.= rechts, o. = oben, m. = Mitte, u. = unten

Titel: Jörg Modrow; Typo: Margitta Schulze Lohoff

Editorial: Per Makitalo/Plainpicture: 3 o. r.; Mareile Fritzsche: 3 u. l.

Seite 4: PR: o. l.; Jörg Modrow: r.; Slg. Bernd Nasne/ Vintage Germany: u. l.

Seite 5: Chantal Alexandra Pilsl: o. l.; Patrick Runte für GEO Special: o. r.; Imke Lass für GEO Special: u. l.; PR: u. m.; © BUREAU BALD GmbH: u. r.

Auf einen Blick: Illustration: Martin Haake/co 2Agenten

Unterwegs erlebt: Privat: 8 o. (3); Lubitz + Dorner/ Plainpicture: 8 u.

Take-off: Bernd Jonkmanns: 10 (8), Jörg Modrow: 11 o.; PR: 11 u., 16 o. r. (4); Carsten Dammann: 12 o. l.; www.heimatmeer.de: 12 o. r.; Benne Ochs: 12 u. l.; HAW/Shape-Shift: 13 o.; Elbsegelei: 13 u.; Werkstitel, Urheber- und Reproduktionsrechte: »Public Face«, Julius von Bismarck/VG Bild-Kunst, Benjamin Maus und Richard Wilhelmer: 12 o. l.; © The Gentle Temper: 16 u. (3); Illustrationen: Anna Koslowski: 12 u. r.; Ole Häntzschel: 14/15

Kleine Welt und großes Kino: Chantal Alexandra Pilsl Miniatur Wunderland: 18, 20, 22, 24; Jörg Modrow: 19, 21, 23, 25

»St. Pauli ist ein permanenter Aufstand«: SolidMaks/ Shutterstock: 26 o.; PR: 26 u.; © Gerald von Foris/ Suhrkamp Verlag: 27

Einmal alles, bitte: Hauke Dressler: 28; Gilang Prihardono/Shutterstock: 29 (2), 35 u.; Jörg Modrow: 30/31, 33 o. l., 34 o. l., 37 u.; Marekuliasz/Shutterstock: 32 u.; PR: 33 o. r.; B. Bischoff/Agentur Bischoff: 33 u. l.; Lookphotos: 33 u. r.; Ega Birk/Plainpicture: 34 o. r.; Dietwalther/ stock.adobe.com: 36; Malzkornfoto/Hamburg: 37 o.

Frau Elbville Teil 1–3: Susanne Krieg/Hamburg Companion: 38–39 (Street-Art); 90/91 (Treppenhäuser); 100/101 (U-Bahn-Stationen)

Wir sind Elphie: Chantal Alexandra Pilsl: 40–49 außer: © Herzog & de Meuron/Elbphilharmonie und Laeiszhalle Service GmbH, Grafik: bloomimages: 45; Peter Hundert Photography: 46

I Love Stereotypes: © BUREAU BALD GmbH: 50–55

Frischer Wind aus dem Norden: : PR: 56, 59 o. l., 59 o. r., 59 u. l., 62 (2), 64 o.; Imageagency: 57; Rene Flindt: 58 (2), 59 u. r., 60/61; Michael Holz: 64 u.; Fairmont Hotel Vier Jahreszeiten, NIKKEI NINE/Jan Brettschneider: 65

»Pass mal auf«: R. Classen/Shutterstock: 66 o.; Beba Lindhorst: 67

Wo die wilden Hirsche röhren: Imke Lass für GEO Special: 68–75

Die Soundmaschinen: Janick Zebrowski: 76/77; CP Krenkler für GEO Special: 78, 82 o. l.; Korkeng/stock.adobe.com: 79; The_Fairhead/Shutterstock: 80; Universal Music: 81; Franco Cozzo/Plainpicture: 82 o. r.; Gennadiy Guchek/stock.adobe.com: 82 u.

Shoppinglist: PR: 84–89, alle außer: Chantal Alexandra Pilsl: 84 m., 89 2. Reihe v. o. m.; Roger Richter/Plainpicture: 85; Karsten-Wolfgang Kurth/Hamburger Seifenkontor: 86 o. l.; © Walentowski Galerien/ Udo Lindenberg: 86 u. r.; Titus GmbH: 87 o. l.; Oliver Breitwieser/Riders Room: 87 u. (2), Bernd Jonkmanns: 88 o. l., 88 o. m.; Bastian Hertel: 89, 1. Reihe v. o. l., 89, 2. Reihe v. o. l.; Marcus Barthel/www. blendwerk-werbefotografie.de: 89, 2. Reihe v. o. r.

Platz da!?: ADEPT mit Karres + Brands: 92/93; DEGES/V-KON.media: 94 u. l.; moka-studio: 94/95; Daniel Bockwoldt/dpa Picture-Alliance: 95 u. r.; KPW Architekten, Hamburg: 96 u. l.; gmp Architekten von Gerkan, Marg und Partner, Hamburg: 96/97; Roger Mandt, Berlin: 98 u. l.; Getty Images: 98 u. r.; Bildarchiv Hamburg–Heimatkundliche Sammlung von Jens Wunderlich: 99 u. l.; Bertold Fabricius/Pressebild.de: 99 u. r.

Die Lieblingsorte der Redaktion: Chantal Alexandra Pilsl: 102; Jan Traupe/ Geheimtipp Media GmbH: 103, 106/107; PR: 105 o. l., 105 u. l.; Markus Tollhopf: 105 o. r.; Thomas Hampel/Elbe & Flut: 105 u. r.; Stefan Volk/ Laif: 108

Eine Festung für den Handel: Slg. Bernd Nasne/ Vintage Germany: 112/113; Slg. Uwe Ludwig/Vintage Germany: 114/115; SHMH/Museum für Hamburgische Geschichte: 116, 117, 118, 119, 120 o.; Krasovski Dmitri/ Shutterstock: Hintergrund 116, 119, 120 o.; © GEO *EPOCHE* Panorama: 120 u.

Heimat Hafen: Patrick Runte für GEO Special: 122–129, außer: HHLA/Tina Axelsson: 122 1. v. r., 129

Special Guide: PR: 132, 134 o. r., 134 u. (2), 135; Hauke Dressler: 133, 134 o. l.; Andreas Vallbracht/prachtvoll.de: 136; Christian Fürst/dpa Picture-Alliance: 139 o. l.; Novarc/Mauritius Images: 139 o. r.; Markus Scholz/dpa Picture-Alliance: 138/139; Hans Jörg Michel: 139 u. r.; Manuel Harlan: 140 o.; Joan Marcus: 140 m.; Samuel Zuder/ Laif: 141; M. Bernhardi/Spiegel Verlag, 2011, MK&G: 142

Vorschau: Trent Bell: 143

GEOcard: Andreas Wörnle: 144; Thomas Rosenthal, MfN Berlin: 145 o. l.; Wolfgang F. Meier/Rheinisches Bildarchiv: 145 m. l.; Johannes-Maria Schlorke/ Deutsches Meeresmuseum: 145 m. r.

Tschüss: Illustration: Jan Kruse/Human Empire Shop, www.humanempireshop.com: 146

Karten: Rainer Droste: 38 u. l., 90 u. l., 100 u. l.

Theater

»Tratsch im Treppenhaus«, »Liebeskummerliebeslieder-Abende« oder – ganz klassisch – »Romeo und Julia«? Auf Hamburgs Bühnen findet jeder Theatergänger Stücke für seinen Geschmack

Thalia

Auf dem Programm stehen Klassiker wie »Romeo und Julia«, »Amphitryon« oder »Cyrano de Bergerac«, die aber nie bieder, eins zu eins umgesetzt werden, sondern stets ihren eigenen Thalia-Schliff bekommen. Dazu viele Uraufführungen und internationale Gastspiele.
Altstadt, thalia-theater.de

Thalia in der Gaußstraße

Wo tagsüber das Ensemble vom großen Thalia-Theater probt, kommen abends neue, oft ungewöhnliche Inszenierungen auf die kleine Bühne. Dazu Konzerte, Lesungen und ab und an »Früh-Stücke« – mit internationalen Regisseuren und deutschen Brötchen.
Ottensen, thalia-theater.de

Deutsches Schauspielhaus

Das Traditionshaus gegenüber dem Hauptbahnhof ist bekannt für moderne, oft provokante Inszenierungen, die einen interessanten Kontrast zum barocken Pomp des Innern bilden. Sehr sehenswert sind auch die Aufführungen des »Jungen Schauspielhauses« auf der Großen Probebühne und im Malersaal.
St. Georg, schauspielhaus.de

Hamburgische Staatsoper

Internationale Stars, John Neumeiers Ballett, klassische Inszenierungen und aufsehenerregende Neuinterpretationen – der Hamburgischen Staatsoper gelingt der Spagat zwischen Tradition und Moderne. Und mit der »Opera stabile« (Kleine Theaterstr. 1) hat sie nebenan eine kleine, wandlungsfähige Extrabühne geschaffen: Raum für Experimente und Eigenproduktionen von Ensemblemitgliedern.
Neustadt, staatsoper-hamburg.de

Kammeroper

Hier kommen Opern und Operetten vor allem aus dem 18./19. Jahrhundert auf die Bühne – mal bekannte Klassiker, mal Unbekanntes. Die Stücke werden szenisch und musikalisch komprimiert, ihre Seele bleibt dabei unangetastet. Ein Abend in der Kammeroper ist daher immer überraschend und neu. Am besten, man beginnt ihn mit dem für die jeweilige Inszenierung komponierten Menü im Bistro, das direkt mit dem Theatersaal verbunden ist.
Altona-Nord, kammeroper.alleetheater.de

St.-Pauli-Theater

Natürlich gibt's auch Musical, Kabarett und Comedy, das ist hier schließlich der Kiez, doch auf dem Spielplan des ältesten Privattheaters der Stadt stehen auch ernste Stücke moderner und zeitgenössischer Autoren oder »Liebeskummerliebeslieder-Abende«. Und da das Haus so schön klein ist, kommt man prominenten Stars wie Eva Mattes oder Axel Prahl, die hier für Gastspiele auftreten, ganz nah.
St. Pauli, st-pauli-theater.de

Ohnsorg-Theater

Authentisches Volkstheater, aber zeitgemäß, lautet die Linie des Intendanten Michael Lange. Gespielt wird auf Platt und meistens Komödien, nur das Weihnachtsmärchen gibt's auf Hochdeutsch. Auch der Dauerbrenner »Tratsch im Treppenhaus« steht regelmäßig auf dem Spielplan, der schon in den 1960er-Jahren im Fernsehen übertragen wurde und – mit Heidi Kabel und Henry Vahl in den Hauptrollen – das Ohnsorg-Theater bundesweit bekannt machte.
St. Georg, ohnsorg.de

TEXTE: RUTH HOFFMANN

1

2

(1) Innen strahlt das Bühnenbild von »Maria« vor schwarzem Grund, (2) draußen die Fassade des Thalia-Theaters im Licht der Scheinwerfer

3

4

(3) Im Schauspielhaus ist auch der Blick auf die Ränge spektakulär. (4) In der Staatsoper steht Mozarts »Così fan tutte« auf dem Programm

Das Leben von Rocklegende Tina Turner wird 2019 in »Tina« getanzt

Ein akrobatisches Musical des Cirque du Soleil: »Paramour«

Musicals

»Der König der Löwen« gehört längst zum Hafenpanorama wie die Kräne und Containerriesen. Hamburg ist Musical-Stadt. GEO Special stellt vor: die acht besten Sing-und-Tanz-Stücke des Jahres

Broadway an der Elbe – diesen Spitznamen hat sich die Hansestadt seit den 1980er-Jahren mit immer neuen Musical-Produktionen, darunter Dauerbrennern und Publikumserfolgen, hart erarbeitet. Heute besuchen jährlich rund zwei Millionen Menschen die Aufführungen. Absoluter Liebling: »Der König der Löwen«. Seit 2001 sahen mehr als 12 Millionen Zuschauer das Musikdrama aus der afrikanischen Steppe. Höhepunkt 2019 wird – da sind sich Branchenkenner einig – »Tina«, die musikalische Lebensgeschichte der 79-jährigen Rock-Ikone Tina Turner.

Der König der Löwen

Mit dem Schiff in die Savanne: Ungefähr zehn Minuten dauert die Reise vom Hamburger Hafen in die afrikanische Serengeti. Die Geschichte des kleinen Löwen Simba lockt seit 2001 achtmal pro Woche begeisterte Zuschauer ins Stage-Theater im Hafen. Afrikanische Rhythmen und Gesänge ergänzen die Filmmusik von Elton John, aufwendig gestaltete Tierkostüme und Schattenspiele entführen in eine andere Welt.
stage-entertainment.de, ab 69,90 €

Mary Poppins

Superkalifragilistikexpialigetisch: 34 Buchstaben, die dem Musicalfilm 1965 fünf Oscars einbrachten und den Zuschauern ein Lächeln aufs Gesicht zauberten. Nun ist der Regenschirm mit dem Papageienkopfgriff nach Hamburg geweht worden, ins überdimensionale Puppenhaus des Stage-Theaters an der Elbe. Und mit ihm das fantasievolle Kindermädchen, das den Musical-Besuch mit Tanz und Gesang versüßt.
stage-entertainment.de, ab 53,90 €

Tina

Die Rockröhre mit der unbändigen Mähne und der außergewöhnlichen Reibeisenstimme wirbelt über die Bühne des Operettenhauses. Zu unverkennbaren Hits wie »Simply the Best« und »What's Love Got to Do with It« wird Tina Turners Musikkarriere vom Kirchenchor bis in den Rock-Olymp nachgezeichnet – bewegend und mit unglaublicher Bühnenpräsenz der Hauptdarsteller.
stage-entertainment.de, 5.3.–3.11.2019, ab 59,90 €

Paramour

Akrobaten, Trapezkünstler und menschliche Pyramiden – mit »Paramour« feiert die Vereinigung von Artistik und Gesang Europapremiere in Hamburg. Ab 5. April verwandeln die Artisten des kanadischen Zirkus »Cirque du Soleil« die Kuppel des Stage-Theaters Neue Flora in ihre Bühne. Bei »Paramour – die Geliebte« schweben die Künstler in die glamourösen Zeiten des Hollywoods der 20er-Jahre.
stage-entertainment.de, 16.4.–31.7.2019, ab 49,90 €

Heiße Ecke

Der Kiez ist Kult. Am Imbiss »Heiße Ecke« trifft der spielsüchtige Casinobesucher auf die reife Prostituierte, schmettert der Junggesellenabschieds-Chor angeheitert Lieder, liefern sich die Budenbesitzerinnen deftigen Schlagabtausch in feinster Mundart. Fernab des sündigen Massentourismus prägen die liebevoll gezeichneten Charaktere St. Pauli und verleihen dem Musical nostalgischen Charme und Kultstatus.
tivoli.de/programm-tickets/heisse-ecke, ab 17,60 €

Die große Heinz-Erhardt-Show

»Nehmen Sie sich selbst auf den Arm, dann ersparen Sie anderen die Arbeit.« Heinz Erhardt gilt als Ausnahme-Humorist, bekannt für vergnügliche Blödeleien und drollige Kalauer. Nach einer Tournee durch Deutschland kommt das Musical über den unvergessenen Schelm zurück in den Hamburger Engelsaal. Die Gedichte über die Made und die sauren Zitronen werden dabei genauso vertont wie die Balladen um Ritter Fips – gesprochen, gesungen und instrumental begleitet.
engelsaal.de, bis 19. 5. 2019, ab 27,40 €

My Fair Lady

Das breite Hamburgisch gehört zur Stadt wie Eliza Dolittle zum Fischmarkt. Oder etwa nicht? Die Hamburger Musical-Version mit der Musik von Frederick Loewe besticht durch lokalen Charakter. So bemüht sich der Sprachforscher Professor Higgins, aus dem Blumenmädchen Eliza eine Dame von der Elbchaussee zu machen, die beim Ball im Hamburger Rathaus brillieren kann.
engelsaal.de, bis 23. 5. 2019, ab 38,40 €

Carrie

»Es wird die Leute vor Spannung in die Sitze drücken«, verspricht »Carrie«-Produzent Thomas Gehle. Doch während Stephen Kings Roman, der als Vorbild fungiert, den Autor zum »King of Horror« werden ließ, trifft das Musical leisere, emotionalere Töne. Es spielt mit Ängsten junger Erwachsener, die sich in Hänseleien entladen, und zeigt intime Momente der Adoleszenz.
firststagehamburg.de, 19. 6.–15. 7. 2019, ab 29 €

TEXTE: REBEKKA GOTTL

Hamburg kostenlos!

DAS GIBT'S UMSONST: 10 IDEEN FÜR SPARSAME

Alter Elbtunnel

1. Die Wasserlichtkonzerte in Planten un Blomen genießen *(ab Mai tägl. 22 Uhr, im September 21 Uhr, plantenunblomen.hamburg.de).*
2. Von den Landungsbrücken aus kühle 426 Meter durch den Alten Elbtunnel spazieren und vom Aussichtspunkt Steinwerder auf die Stadt schauen *(hamburg.de/alter-elbtunnel).*
3. In der Handelskammer die älteste Boje der Welt und schöne Schiffsmodelle bewundern *(hk24.de; beim Empfang gibt es eine Audiotour)*, anschließend den Hygieia-Brunnen im Innenhof besuchen.
4. In den Gewächshäusern des botanischen Gartens (in Planten un Blomen) auf 2800 Quadratmetern durch Dschungel und Wüsten spazieren *(plantenunblomen.hamburg.de/schaugewaechshaeuser).*
5. Von der Plaza der Elbphilharmonie aus 37 Meter Höhe auf Elbe, Speicherstadt und Hafencity blicken *(elbphilharmonie.de/de/plaza).*
6. Im Museumshafen Oevelgönne altehrwürdige Kutter, Schlepper und Barkassen anschauen *(museumshafen-oevelgoenne.de).*
7. Im Zoologischen Museum die Artenvielfalt bestaunen – vom präparierten Walross bis zum Narwalschädel *(cenak.uni-hamburg.de).*
8. Auf einem Stadtrad die ersten 30 Minuten kostenfrei radeln *(stadtrad.hamburg.de; Jahresgebühr bei Anmeldung: 5 €; wird als Guthaben verrechnet, danach 10 Cent pro Minute).*
9. Mit einem Hamburg-Greeter die Stadt erkunden *(hamburg-greeter.de).*
10. Im Hamburger Michel samstags um 12 Uhr Orgelmusik hören *(von April bis September, st-michaelis.de; Spende erbeten).*

Museen

Stadt- und Stadtteilgeschichte, Alltagsgegenstände und exotische Schätze, Kunstklassiker und moderne Werke – willkommen in den schönsten Sammlungen der Hansestadt

Kunsthalle
Zwei imposante Altbauten, ein moderner Kubus: schon architektonisch ist die Kunsthalle ein Highlight. Und erst die Sammlung! 700 Jahre Kunstgeschichte, von den Alten Meistern bis zur Gegenwart. 2019 feiert das Haus 150-jähriges Bestehen; zu sehen sind zum Beispiel Rembrandt, Goya und Tiepolo.
Altstadt, hamburger-kunsthalle.de

Museum für Hamburgische Geschichte
Vom mittelalterlichen Kastell Hammaburg zur Metropole – hier lässt sich nachvollziehen, wie Hamburg wurde, was es ist. Baudirektor Fritz Schumacher setzte das Museum 1914 bis 1922 dorthin, wo einst die barocken Befestigungsanlagen verliefen, ließ Fragmente alter Bürgerhäuser in die Fassade einsetzen und innen Teile von Gebäuden verbauen, die beim großen Brand 1842 zerstört wurden. Im Innenhof mit schönem Café steht das alte Südportal von St. Petri.
Neustadt, shmh.de/de/museum-fuer-hamburgische-geschichte

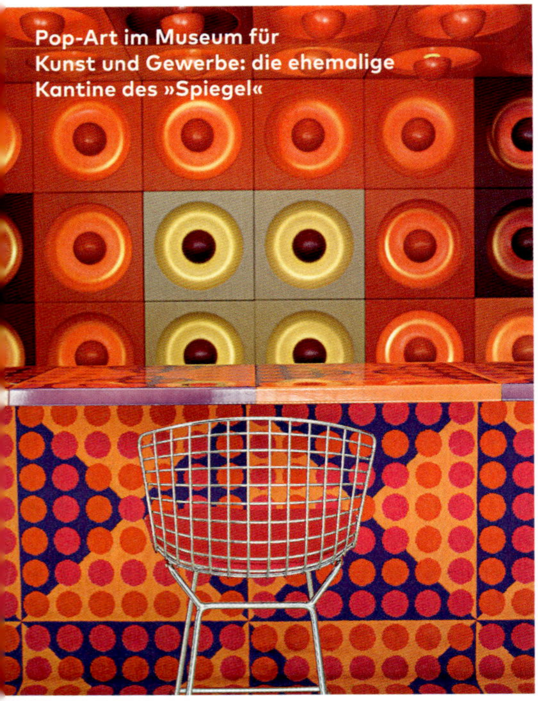

Pop-Art im Museum für Kunst und Gewerbe: die ehemalige Kantine des »Spiegel«

Museum für Kunst und Gewerbe
Hier kann man Tage verbringen, ohne sich eine Minute zu langweilen, so reich und vielfältig sind die Sammlungen: Aufwendig verzierte Musikinstrumente, japanischer Schwertschmuck, Art déco und Alltagsgegenstände, Buddha-Skulpturen, Plakatkunst, ein antiker Brustpanzer und Mumienporträts, eine Spielzeugstadt von Lyonel Feininger – die Liste ist endlos. Dazu die gute Stube eines Marschbauern, ein Spiegelsaal aus der Kaiserzeit, die alte Pop-Art-Kantine des »Spiegel«. Völlig unmöglich, das »MKG« uninspiriert zu verlassen. Auch der Museumsshop ist klasse!
St. Georg, mkg-hamburg.de

Sankt Pauli Museum
Seit 2010 gibt es das von Anwohnern ehrenamtlich betriebene Museum auf dem Kiez, das von der wechselvollen Geschichte und Gegenwart des Stadtteils erzählt. Die Exponate sind eher unspektakulär, die Räumlichkeiten klein, aber mit Führung (auch über den Kiez oder in die Krypta der St.-Joseph-Kirche) wird die Sache zum Erlebnis, denn die Guides sind alteingesessene – und leidenschaftliche – St. Paulianer.
St. Pauli, sankt-pauli-museum.de

Altonaer Museum
Altehrwürdig, aber nicht verstaubt: ein hübsches Museum über die kulturelle und historische Entwicklung der Elbregion in und um Altona bis heute. Besonders spektakulär sind die 17 norddeutschen Bauernstuben aus dem 18./19. Jahrhundert und der komplett ausgestattete Tante-Emma-Laden aus Altenwerder, das in den 1970er-Jahren der Hafenerweiterung weichen musste.
Ottensen, shmh.de/de/altonaer-museum

Deichtorhallen
Zwei restaurierte Markthallen aus dem frühen 20. Jahrhundert sind der Schauplatz für die vielleicht aufregendsten Wechselausstellungen der Stadt. Im Haus der Photographie werden Arbeiten internationaler, meist zeitgenössischer Fotokünstler gezeigt; die Halle für aktuelle Kunst bietet auf rund 3800 Quadratmetern Raum für spektakuläre Seh-Erfahrungen. Die Ausstellungen verstehen sich als Gesamtkunstwerke – völlig zu Recht.
Altstadt, deichtorhallen.de

Archäologisches Museum
Wo immer wir sind – unter unseren Füßen liegen die Hinterlassenschaften unserer Vorfahren. Das wird in diesem Museum im Stadtteil Harburg anhand der Archäologie Norddeutschlands und mithilfe eines erfrischend modernen Konzepts begreif- und erlebbar.
Harburg, amh.de

TEXTE: RUTH HOFFMANN

GEO SPECIAL

IMPRESSUM

Gruner + Jahr GmbH
Am Baumwall 11, 20459 Hamburg.
Postanschrift für Verlag und Redaktion:
Brieffach 24, 20444 Hamburg,
Telefon: 040/3703-3721, Fax: 040/37035680
E-Mail: swiderek.judith@geo.de, Internet: www.GEO.de

Herausgeber: Dr. Christoph Kucklick
Redaktionsleiter: Markus Wolff
Verantwortliche Textredakteurin: Kirsten Bertrand
Verantwortliche Bildredakteurin: Anja Jöckel
Verantwortlicher Grafiker: Frank Strauss
Chefin vom Dienst: Antje Wischow
Textredaktion: Steffi Hentschke, Meike Kirsch, Margitta Schulze Lohoff
Bildredaktion: Frauke Körting, Chantal Alexandra Pilsl
Grafik: Anna Koslowski
Geschäftsführende Redakteurin: Maike Köhler
Verifikation: G+J Informationsrecherche
Schlussredaktion: Adelheid Molitoris, Ilka Weihmann, Antje Wischow
Assistentin der Redaktionsleitung: Judith Swiderek
Honorare/Spesen: Katrin Schäfer
Verantwortlich für den redaktionellen Inhalt: Markus Wolff

Redaktionsbüro New York: 535 Fifth Avenue, 29th floor, New York, NY 10017

Publisher: Dr. Gerd Brüne, Frank Thomsen
Digital Business Director: Carina Laudage
Director Brand Solutions: Daniela Porrmann
Sales Director: Franziska Bauske/ DPV Deutscher Pressevertrieb
Marketing Director: Stefan Bromberg
Marketing Managerin: Pascale Victoir
Herstellung: G+J Herstellung, Heiko Belitz (Ltg.), Mario Richter

Verantwortlich für den Anzeigenteil: Daniela Porrmann, G+J e|MS, Am Baumwall 11, 20459 Hamburg.
Es gilt die jeweils aktuelle Preisliste.
Infos hierzu: www.gujmedia.de
Bankverbindung: Deutsche Bank AG Hamburg,
IBAN: DE30200700000032280000, BIC: DEUTDEHH
Druckvorstufe: 4mat Media, Michael Doll
Druck: Appl, Wemding

GEO Special ist auf Papier gedruckt, das aus 20 Prozent ausschließlich chlorfrei gebleichtem Zellstoff, 60 Prozent Durchforstungsholz und 20 Prozent Altpapier hergestellt ist. Printed in Germany

GEO Special (USPS no 0014523) is published bi-monthly by GRUNER + JAHR GmbH. Subscription price for USA is $ 60 per annum. K.O.P.: German Language Pub., 153 S Dean St, Englewood NJ 07631.
Periodicals postage is paid at Paramus NJ 07652.
Postmaster: Send address changes to: GEO Special, GLP, PO Box 9868, Englewood NJ 07631

GEO-SPECIAL LESERSERVICE

Fragen an die Redaktion
Telefon: 040/37033712, Fax: 040/37035680
E-Mail: swiderek.judith@geo.de

ABONNEMENT- UND EINZELHEFT-BESTELLUNG

Online-Kundenservice
www.geo.de/kundenservice
Telefon: 0049-40/55558990
Servicezeiten
Mo–Fr 7.30–20 Uhr, Sa 9–14 Uhr
Postanschrift
GEO-Special-Kundenservice, 20080 Hamburg
Preise Jahresabonnement
Deutschland: 59,40 €, Österreich: 68,40 €
Schweiz: 94,80 sfr

BESTELLADRESSEN FÜR GEO-BÜCHER, GEO-KALENDER, SCHUBER ETC.

Anschrift: GEO-Versand-Service, 74569 Blaufelden,
Hotline-Telefon: 040/42236427,
Hotline-Fax: 040/42236663, E-Mail: guj@sigloch.de
ISBN 978-3-652-00874-7
ISBN 978-3-652-00880-8 (Heft mit DVD)
ISSN 0723-5194

Das nächste Heft:

ROADTRIPS

150 SEITEN FREIHEIT

Ab in den Bulli: Der Traum vom Camperleben /// In die Berge, ans Wasser: Die besten Ziele fürs Asphalt-Abenteuer /// Ist es noch weit? Ja, hurra! Wege, die eine Reise wert sind /// So lang die Waden radeln: Mit dem Fahrrad um die Welt /// Auf dem Bock: Über Land nach New York

GEO SPECIAL

Ab 8. Mai 2019 am Kiosk

GEO Erleben

März 2019

LUISENPARK, MANNHEIM

Liebestanz der Kronenträger

Mit dem Trompetenruf des Hahnes beginnt im Frühjahr das Balzritual der Kronenkraniche. Mit etwas Glück können Besucher das bis zu vier Stunden andauernde Tanzspektakel beobachten – oder aber sie bestaunen die anderen 1300 Tiere und Pflanzen in dem weitläufigen Park.
www.luisenpark.de

Mehr wissen und erleben

Mit der GEOcard gibt es ermäßigten Eintritt in Museen, Planetarien, Science-Center, Zoos und weitere Erlebnisorte: Nutzen Sie Ihr Privileg als GEO-Special-Abonnent und sparen Sie bis zur Hälfte des Ticketpreises. Oder genießen Sie Kaufvorteile. Hier stellen wir eine Auswahl unserer Partner vor. Mehr unter: *www.geo-card.de*

Wichtiger Hinweis: Mit der GEOcard, die Ihnen als Abonnent von GEO Special jedes Quartal zugeht, erhalten Sie bei unseren Partnern eine Eintrittsermäßigung von bis zu 50 Prozent auf den Normaltarif. Für bereits Ermäßigungsberechtigte, etwa Studenten, wird kein weiterer Nachlass gewährt. Die Ermäßigung gilt für das Normalangebot unserer Partner, nicht aber automatisch auch für alle Sonderausstellungen und Veranstaltungen.

MUSEUM FÜR NATURKUNDE, BERLIN

Ausflug zum Urknall

Liegend durch den Weltraum fliegen – das geht im Ausstellungssaal »Kosmos und Sonnensystem« im Museum für Naturkunde. Der Projektionshimmel zeigt im Zeitraffer die Entwicklung des gesamten Universums – vom Urknall bis zu den heutigen Planeten unseres Sonnensystems. *www.museumfuernaturkunde.berlin*

RAUTENSTRAUCH-JOEST-MUSEUM, KÖLN

Die Kulturen der Welt

Einst brachten die Bewohner eines Dorfes in Indonesien ihrer Gründerahnin Opfer dar. Der Altar aus dem 19. Jahrhundert ist eines von vielen Exponaten, die einen Blick auf außereuropäische Geschichte und Kultur eröffnen. *www.museenkoeln.de/rautenstrauch-joest-museum*

WELTKULTURERBE RAMMELSBERG, BEI GOSLAR

Das Jahrtausend-Bergwerk

Früher brummte hier der Berg, erzählen Goslarer, die zu Betriebszeiten des Bergwerks Rammelsberg in dessen Nähe wohnten. Die Anlage im Harz diente mehr als 1000 Jahre lang fast ununterbrochen der Erzförderung. Doch seit 1988 stehen die Maschinen still. Heute nimmt die Grubenbahn Besucher mit unter Tage, wo Grubenführer den Arbeitsalltag im Stollen anhand Original-Bergbaumaschinen veranschaulichen. Auch das ausgetüftelte System aus Wasserrädern zur Entwässerung wird erklärt. Über Tage illustrieren Dauerausstellungen in den alten Industriegebäuden unter anderem die Geschichte der kulturellen und ökonomischen Beziehungen zwischen dem Bergwerk, der Stadt Goslar und deren Bewohnern. *www.rammelsberg.de*

MEERESMUSEUM, STRALSUND

Schonkost für Schwergewichte

Salat, Fisch und Kalmar stehen auf dem Speiseplan der fünf Meeresschildkröten im Meeresmuseum Stralsund. Die Schaufütterung der Reptilien gehört zu den Hauptattraktionen des Aquariums. Einige der Schildkröten sind mehr als 50 Jahre alt und wiegen um die 100 Kilogramm. Welcher der Panzerträger gern kuschelt und welches Tier eher draufgängerisch veranlagt ist, erfahren Besucher jeden Donnerstag bei einem kommentierten Tauchgang: Sie können die Forschungstaucher beim Spielen mit den Tieren beobachten – oder beim Putzen der 25 Quadratmeter großen Panoramascheibe. *www.meeresmuseum.de*

In Hamburg sagt man …
Tschüs!